歴史文化ライブラリー

569

大極殿の誕生

古代天皇の象徴に迫る

重見 泰

吉川弘文館

目　次

都城研究・飛鳥宮の新しい視点――プロローグ

大極殿とは

「文物の儀、是に備れり」

大宝律令《たいほうりつりょう》が完成した大宝元年（七〇一）の元日朝賀《ちょうが》を受け、『続日本紀《しょくにほんぎ》』は高らかにこう謳った。天武朝に着手された律令の編纂と藤原京《ふじわらきょう》の建設が終了し、長年めざしてきた律令国家がようやく完成したのである。律令という法律の整備と、それを実行するための舞台となる都城の建設は、唐を中心とする東アジア社会の国際標準である。大宝二年（七〇二）には、六六三年の白村江《はくそんこう》の戦いで、唐《とう》・新羅《しらぎ》連合軍に大敗して失った国際的地位の復活を目指し、律令国家としての威厳を示すべく、約三〇年ぶりとなる遣唐使を派遣した。律令国家の建設は、まさに天皇の悲願であった。

大宝元年元日、東西二三五・八メートル、南北三二一・三メートルという広大な藤原宮朝堂《ふじわらきゅうちょうどう》の広場に百官が並び、外国の使者が左右に分かれて整列した。彼らの正面には桁行《けたゆき》七間《けん》の巨大な門があり、門の前に立てられた背の高い七本の幡《はた》がはためいていた。幡は、中央に烏形《うぎょう》、右（東）側に日像・青龍・朱雀、左（西）側に月像・玄武・白虎が配置されている。その巨大な門と塀で囲まれた一郭の中央には、巨大建築が鎮座していた。天武天皇の孫である文武天皇はこの巨大な殿舎に出御《しゅつぎょ》し、門の向こう側の朝堂に整列する人々から朝賀を受けたのである。この殿舎こそ、律令制都城の中心であり、律令国家を象徴する大極殿《だいごくでん》である。

この大極殿のある一郭は天皇の独占的空間だ。元明《げんめい》天皇（在位七〇七〜七一五年）以降、天皇の即位が大極殿で行われているように、大極殿は天皇位を象徴する殿舎であった。大極殿は、政治や儀式・儀礼が行われる朝堂院の正殿であり、藤原宮、平城宮《へいじょうきゅう》、長岡宮《ながおかきゅう》、平安宮《へいあんきゅう》といった宮城の中核に位置づけられていた。

律令国家や天皇位を象徴する大極殿はやはり巨大だ。大極殿は宮城でもっとも大きな建物であり、その平面規模は、藤原宮と平城宮第一次大極殿が桁行九間×梁行四間（四四・〇メートル×一九・五メートル）。『年中行事絵巻』や『平安宮八省院図』（陽明文庫）、裏松固禅の『大内

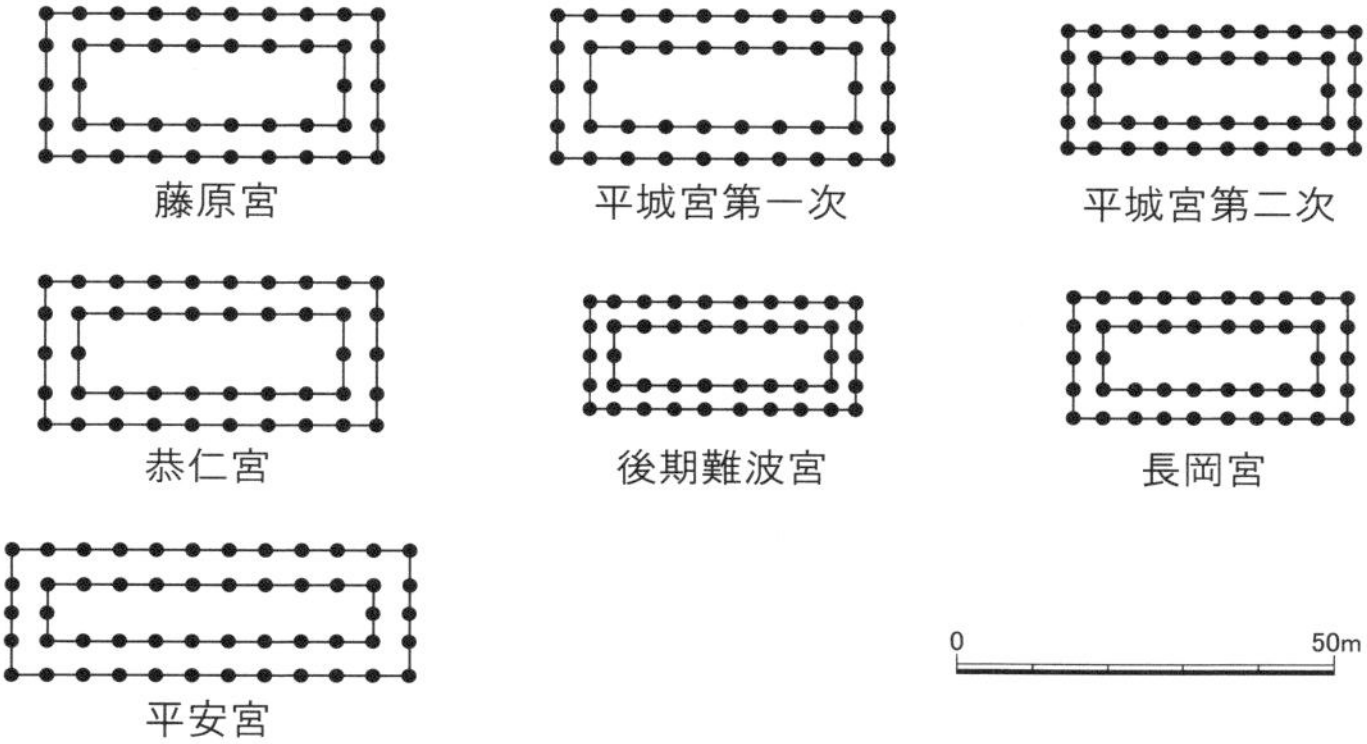

図1　大極殿の平面比較

裏図考証』を参考にすると、平安宮大極殿は桁行十一間×梁行四間（五二・五メートル×一七・三メートル）にもなる（図1）。奈良市にある現在の東大寺大仏殿は、両端の柱の中心間の距離が正面で五七・〇一二メートル、奥行きで五〇・四八〇メートルなので（奈良県文化財保存事務所一九八〇）、平安宮大極殿は、現在の大仏殿に近い規模だったことがわかる。

天禄元年（九七〇）に成立した平安貴族の教科書『口遊《くちずさみ》』には「雲太　和二　京三」とあり、平安宮大極殿は当時の巨大建築物の第三位に挙げられている。ちなみに、第一位は当時の高さが十六丈（約四八メートル）と言われる出雲大社の神殿、第二位は高さ約四六メートルの東大寺大仏殿である。基準は高さのようだが、いずれも巨大な建築物であり、大極殿も大きな建物の象徴的存在であった。

ところで、大極殿という名称は、中国都城の太極殿に通じる。太極とは天の中心、最高のものを意味し、天帝の常居とされた。この太極を地上に現したのが太極殿であり、皇帝による支配の正統性を示す重要な殿舎であった。日本の大極殿はこの太極殿の思想を取り入れたものである。

中国都城の太極殿は、三国時代の魏の明帝の頃から確認できる（『三国志』魏志巻三 明帝紀）。隋大興城《だいこうじょう》までは、太極殿に前殿《ぜんでん》や東西両堂がともなうのが一般的で、東西両堂は皇帝の居住空間として利用されていた。唐長安城《ちょうあんじょう》では前殿や東西両堂はなく、太極殿は公的儀礼の舞台としての性格が強まったようだ（鬼頭一九七八）。これに対して、日本の大極殿はその出現当初から公的儀礼の舞台であり、居住空間として利用されることはなかった。

大極殿の初見

大極殿が史料に初めて見えるのは、『日本書紀』皇極四年（六四五）六月戊申（十二日）条で、「天皇大極殿に御す」とあって、中大兄《なかのおおえ》皇子と中臣鎌足らが蘇我入鹿《いるか》を殺害した乙巳《いっし》の変の舞台として登場する。ただし、この一連の記事には、「衛門府」や「十二通門」といった、後の時代の名称が使われていることから、大極殿という名称も後の時代の知識をもとにした潤色の可能性が高い。次に登場するのは天武《てんむ》朝であり、天武天皇の飛鳥浄御原宮《あすかきよみはらのみや》の殿舎として実在した可能性が高いと考えられている。

天武朝の大極殿初出記事である天武十年（六八一）二月条では、天皇と皇后が大極殿に出御し、親王・諸王・諸臣に対して律令の編纂を命じ、同年三月条では、『帝紀』『上古諸事』という歴史書の編修を命じている。律令は国家の根幹であり、歴代天皇の系譜を示す歴史書は天皇位の正統性を示すための重要な根拠となる。大極殿はその名称にふさわしく、天皇を頂点とする統治体制を形作るための重要な舞台として登場するのである。

それでは、なぜ大極殿は天武朝から出現するのだろうか。天皇を頂点とする新たな体制づくりは天武朝に始まることではない。例えば、六四五年に蘇我本宗家を滅亡に追いやった乙巳の変の後、孝徳は都を難波に遷し、いわゆる大化改新の舞台として、新たな身分秩序の構築に着手する難波長柄豊碕宮《なにわながらとよさきのみや》を造営した。大阪市中央区の前期難波宮《なにわのみや》がその遺跡だが、難波長柄豊碕宮は唐長安城の影響を受けたとされ、のちの藤原宮の構造に通じる先進的で壮大な宮殿であったが、大極殿は造られていない。

天武は武力によって壬申《じんしん》の乱に勝利し、敵対する近江朝の勢力を排除したのちに即位した。万葉歌に「神にしませば」と詠われ、神に例えられるように絶対的な権力者というイメージが強い。大極殿の創出は、その絶対的な権力を人々に見せつけ、正統性を主張するために造られたのだろうか？

大極殿はなぜ必要とされたのか

だが、発掘調査で明らかとなった飛鳥浄御原宮をみていくと、どうも様子が違う。当時の慣行では、歴代遷宮といって、即位するときには新しい王宮を造るのが常識であったのだが、天武は母である斉明《さいめい》の後飛鳥岡本宮《のちのあすかおかもとのみや》に入り、崩御するまで王宮として利用していたのだ。絶対的権力者のはずの天武は大極殿まで創出しながら、なぜ、権力を誇示するような王宮を造らなかったのだろうか？

いや、本当は造ろうとしていたのだ。『日本書紀』天武五年（六七六）是年条には、新城《にいき》への造都計画とその中断が記されている。天武は即位後間もなく新たな王宮の造営を計画しながら、結局それを成し遂げられずに終わってしまった。従前の大王が皆してきたことが、絶対的権力者とされる天武にはできなかったのである。それはなぜだろうか。そして、新王宮の造営よりも前に、なぜ大極殿は必要とされたのだろうか。大極殿を創出した意味は何だったのか。本書では、これらの疑問について考えてみたいと思う。

『日本書紀』は天武朝に編修が始められただけあって、天武・持統《じとう》朝の記事は内容が充実している。飛鳥浄御原宮についても、大極殿をはじめ、大安殿《だいあんでん》、外安殿《がいあんでん》、内安殿《ないあんでん》、向小殿《むかいのこどの》、西庁《にしのちょう》、西門、造法令殿《ぞうほうりようでん》、御窟殿《みむろのとの》など多くの殿舎が登場し、断片的だが、これらがどういった場面で使われたのかがわかる。例えば、『日本書紀』天武十年（六八一）正月丁丑（七日）条によると、この日の宴会では、天皇が向小殿にお出ましになり、親王・諸王を内安殿に召し入れ、諸臣は外安殿にいたことがみえる。この記事をみると、天皇がいる向小殿がもっとも奥まった殿舎で、諸臣が侍る外安殿がもっとも外側にあることが推測されるが、こういった記述だけでは、殿舎の規模や構造、建物配置といった具体的な王宮構造まで知ることは難しい。

殿舎の規模や構造には、建物の格式や使われ方が直接反映されている。そして、殿舎の組み合わせや配置によってさまざまな用途の構造空間が形成され、その組み合わせによって王宮が形づくられている。そのようにして造られた王宮には、天皇の権力のあり方や性格、そして政治理念が反映されている。古代において、王宮は大王と同一視されるもので、統治の象徴であった（岸一九九三）。したがって、王宮構造を明らかにすることで王権の実態に迫ることができるのである。残念ながら、古代の王宮は現存しないので、直接目にすることはできないが、その痕跡は遺跡として残っている。本書では、発掘調査で確認された宮殿遺跡の考古学的な研究成果に基づいて、大極殿が創出された背景を探ってみたいと思う。

常識を見直す

遺跡に関する情報は発掘調査によって新たに得ることができる。例えば、建物や塀の跡である柱穴や石敷き、敷地の区画溝や排水用の溝といった不動産として遺る「遺構」と、食器や調理具として使われていた土器、屋根に葺《ふ》いていた瓦、銭貨、行政文書や帳簿などが書かれた木簡などの「遺物」である。これらを考古資料というが、文献史料とは違って、発掘すれば新たな資料や情報が次々と見つかる。文化庁文化財第二課『埋蔵文化財関係統計資料　令和三年度』によると、全国で一年間に行われる発掘調査は、直近五年間の平均で約八二〇〇件。奈良県内だけでも約一九〇件にのぼり、毎年、膨大な考古資料が蓄積されている。都城の発掘調査においても、ここ二〇～三〇年の間に、大藤原京や平城京十条といった、それまでの常識を覆す発見があり、教科書が書き換えられるような成果が得られている。資料の増加は喜ばしいことだが、個別の調査情報をただ蓄積するだけでは歴史にはならないので、蓄積された考古資料を統合し、古代史像として再構築することが必要だ。

本書でおもに扱う飛鳥宮跡《あすかきゆうせき》の調査は、二〇一九年で六〇年を迎え、現在、通説的理解となっている宮殿構造と遺構変遷は、約三〇年前に提示されたものだ。遺構変遷の提示以降、約八〇次に及ぶ調査成果の蓄積がある。蓄積された情報をもとに過去の調査成果を再検討すると、それまでとは違う理解ができることがあるが、常識や通説に囚われていると、新資料もその枠組みの中で理解しがちだ。視点が変われば常識も変わる。通説的な枠組みを見直してみることも必要だ。本書はその試みの一つである。

遺構から宮殿を復元する難しさ

古代の王宮は廃絶して地中のどこかに埋もれているため、闇雲に探しても見つかるものではない。手掛かりになるのは地名や伝承だ。本書で中心に扱う奈良県高市郡《たかいちぐん》明日香村《あすかむら》の飛鳥宮跡は、最近まで伝飛鳥板蓋宮《でんあすかいたぶきのみや》跡と呼ばれていた（図2）。地元に、その周辺が板蓋宮の跡地だという伝承があったからだ。昭和三十四年（一九五九）に始まった調査では、一辺一・五メートル近くある柱穴に、直径三五センチの柱が建つ大型の建物跡や一本柱列の区画塀跡が見つかり、それらの周りには、三〇～五〇センチ大の石敷き舗装が広がっていた。区画塀は、東西六四メートル以上、南北一九〇メートル以上にもなり、長廊状建物は東西二十四間。石敷き井戸は、排水溝が廻る一辺一〇メートルの区画があり、井戸枠は一辺一・七五メートルである。その規模や規格的な構造は、一般的な住居跡

図2　史跡飛鳥宮跡

などではあり得ない。伝承のとおり板蓋宮跡が見つかったのだ。と簡単にはいかない。

どれだけ格式の高い大型建物跡や大型の井戸跡が見つかったとしても、宮号を書いた扁額《へんがく》でも出土しない限りそれだけでは宮号はわからない。なぜなら、飛鳥には板蓋宮のほかにも、岡《おか》本宮《もとのみや》や川原宮《かわらのみや》、浄御原宮といった複数の王宮が造営されたからであり、貴族の宮や豪族の邸宅である可能性も否定できない。確証がない以上、遺構からでは王宮跡だろうというのが精一杯なのである。

まずは、見つかった建物跡や塀、石

組溝といった、個々の遺構の構造と広がりを把握する。そして、確認された層位ごとに、遺構の重なりがなく、同じ方角を向く一群や計画性を持って配置された一群など、同じ時期に該当するものを整理する。見つかった層位が異なる場合は、前後関係の把握は容易だが、同じ遺構面でそういった一群が複数ある場合は、遺構が重なり合っている部分に注目し、どちらが先に造られたのか、あるいは後から造られたのかを確認して遺構群の変遷を解明していく。その積み重ねによって、各時期の王宮構造を解明していくことになる。

宮号を知るためには、王宮が造られた年代を特定する必要がある。その手掛かりとなるのは出土した土器や木簡といった遺物から得られる年代である。例えば、王宮を造営するための整地に入り込んでいた遺物の年代は、王宮を造った時期に限りなく近いものを含むことになり、王宮廃絶後の埋め土に入り込んだ遺物は、王宮の存続期間を限定する手掛かりとなる。年代がわかる遺物でも、ただ出ればよいというわけではなく、その出かたが重要なのだ。だが、そんな都合のよい資料は滅多に出土しない。しかも、王宮の中心部ともなれば、そもそもゴミが少なく、考古学的に確証を得るにはとても時間がかかる。

王宮の時期がわかってくると、誰の宮なのかを絞り込むことが可能だ。そこで『日本書紀』などの史料に登場する王宮と照合していく。これでようやく、王宮跡に具体的な宮号を与えることができる。『日本書紀』には、天皇がいつ即位し、王宮をどこに置いたのか、そして、いつ崩御し、どこに埋葬されたのかなど、さまざまな情報が具体的に書かれており、遺跡や遺構を理解するうえで欠かすことはできない。「七世紀後半に造られた王宮クラスの大型掘立柱建物」という説明から、「斉明天皇が造営した後飛鳥岡本宮の正殿」というふうに、より具体的な説明が可能になるのだ。

雄弁な史料、寡黙な遺構

もちろん、『日本書紀』には神話や伝説もあるし、後世の知識や認識から文飾された内容も含まれているので、そのままを鵜呑みにはできないが、考古資料と突き合わせることで、史料の表現を正しく理解することができることもある。例えば、斉明二年（六五六）是歳条にみえる大規模な土木工事だ。「時に興事を好む」として、「狂心渠《たぶれこころのみぞ》」という、何とも酷い言い方で謗《そし》られた人工の溝を掘り、二百隻の舟で石上山の石を運んで宮の東に石の山丘を造ったという。飛鳥盆地での発掘調査が始まるまでは、この記事には史実性がなく、引いては斉明紀の記事そのものに信頼性がないという考え方が一般的であった。だが、飛鳥宮跡の東にある酒船石遺跡が、発掘調査によって人工的に築いた丘陵だとわかり、石上神宮に隣接する天理市豊田山の石材を加工して積み上げた石垣が廻ること（図3）、さらに、「狂心渠」とみられる、幅約一〇メートルの大規模な溝も飛鳥東垣内《かいと》遺跡で確認された。また、吉野《よしの》町宮滝《ちょうみやたき》遺跡では、同じく斉明二年に造営された吉野宮《よしののみや》とみられる宮殿跡が見つかり、明日香村の水落《みずおち》遺跡では、斉明六年（六六〇）に中大兄皇子が造ったという漏刻《ろうこく》とみられる遺構が確認されるなど、発掘調査によって、斉明朝の記事の史実性が確かめられている。

『日本書紀』は、文章の書き方や助辞（助詞と助動詞）の使い方、文註の分布状態などの類似性から、巻単位でグループ分けすることができる。これを区分論というが、この区分は、天武十年（六八一）から養老四年（七二〇）の三九年間に及ぶ編修に関わった人と時期の違いを示すものと考えられており、こういった区分が可能であること自体、一つの書物として統一性を欠き、均質なテキストではないと評価されている（遠藤二〇一五）。

しかし、古代の史料で混同されることのある、埋葬までの儀礼「殯《もがり》」と、陵墓への埋葬をいう「葬」の記事を確認してみると、巻ごとの分類を超えて厳密に使い分けられているし、同じミヤコと訓む「都」「京」においても、区分論を超えた使い分けが徹底してい

図３　酒船石遺跡の石垣（明日香村教育委員会提供）

る。だから、区分論による不統一性という評価を、用語の使用法全般にまで広げてはいけない。類似する用語だからといって、安易に同一視することは避け、まずは用語として区別されていることに注意すべきだ。本書では、この立場から『日本書紀』を理解し、記述する。

さあ、それでは本論に入ろう。

天武の王宮を探る

発掘された飛鳥浄御原宮

飛鳥の王宮はどこか？

飛鳥寺の南方約五五〇メートルのところに、周りを石で舗装した大きな石組井戸が復元されている。史跡飛鳥宮跡《あすかきゆうせき》の一画である。そこは、東の丘陵と西の飛鳥川に挟まれた小さな盆地で、一帯は長閑な水田地帯になっている。史跡飛鳥宮跡の案内板から遊歩道を北西に進むと、農業用水を大和平野に供給するために引かれた吉野川分水の開渠が飛鳥盆地を横断している。吉野川分水は、昔から渇水に悩まされてきた大和平野へ吉野川（紀の川）から水を引き入れるもので、江戸の初めには計画が提案されていたが、それが実現したのは、戦後の昭和二十五年（一九五〇）六月のことである。御所市で東へ分岐するその幹線計画は、川原寺南大門推定地から東へ折れて飛鳥川を渡り、飛鳥盆地を蛇行して酒船石《さかふねいし》遺跡の麓を北東へ抜けていた。この導水路工事の事前調査として飛鳥盆地の発掘調査が開始され、そこで確認されたのが飛鳥宮跡である（図4）。

飛鳥宮跡のある地元には、当地が飛鳥板蓋宮《あすかいたぶきのみや》の跡地だという伝承がのこる。板蓋宮は皇極《こうぎょく》天皇の宮で、蘇我氏の専横を食い止めるために、皇極四年（六四五）に中大兄皇子と中臣鎌足らが蘇我入鹿を殺害した宮である。いわゆる大化改新の端緒となった政変の舞台であり、天皇を中心とする国家づくりが始まる起点となった場所だ。六五五年に重祚（退位した天皇が再び皇位を継承すること）した斉明天皇が即位した宮でもあったが、その年の冬に火災にあったため、斉明は飛鳥川原宮《あすかかわらのみや》を経て後飛鳥岡本宮《のちのあすかおかもとのみや》に遷った。以後、板蓋宮は歴史の舞台となることはなかった（図5）。

飛鳥宮跡の発掘が始められた当時、飛鳥諸宮の所在地についての主要な説では、板蓋宮は飛鳥宮跡付近から石舞台《いしぶたい》古墳のある島庄《しまのしょう》と推定され、舒明・斉明の岡本宮は、飛鳥岡を雷丘もしくは奥山北側の小丘とみて飛鳥寺より北側に想定していた。そして、岡本宮の南に造られた浄御原宮《きよみはらのみや》はその南側の平坦地で飛鳥寺北西にある字「ミカド」「石神」一帯とされた（喜田一九一五）。そこは現在の石神《いしがみ》遺跡や水落《みずおち》遺跡であり、水落遺跡は整備され

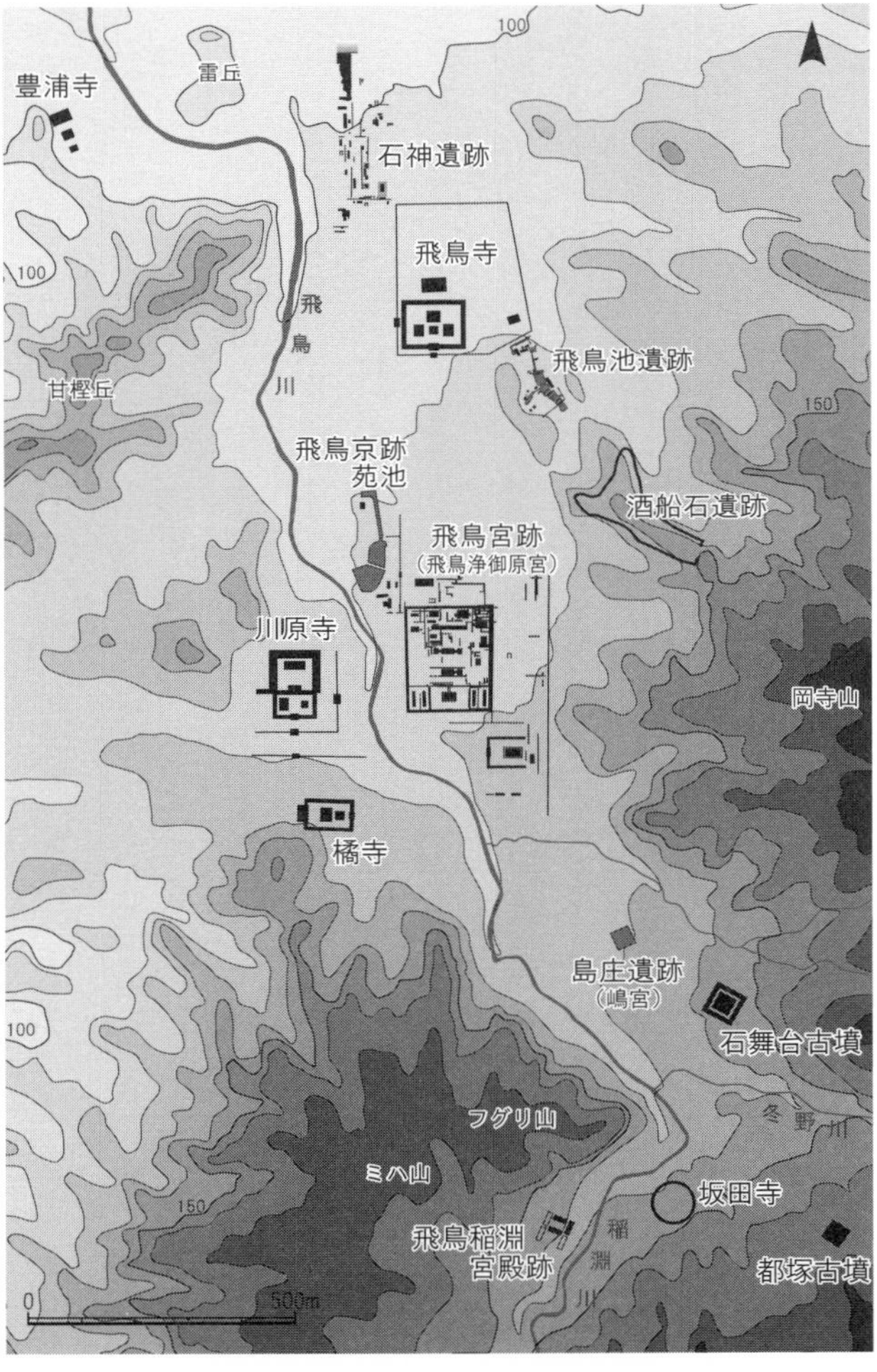
100
豊浦寺
雷丘
石神遺跡
飛鳥寺
100
飛
鳥
川
飛鳥池遺跡
甘樫丘
150
飛鳥京跡
苑池
酒船石遺跡
飛鳥宮跡
（飛鳥浄御原宮）
川原寺
岡寺山
橘寺
島庄遺跡
（嶋宮）
100
石舞台古墳
冬
野
川
フグリ山
ミハ山
坂田寺
150
飛鳥稲淵
宮殿跡
稲
淵
川
都塚古墳
0
500m

図４　飛鳥盆地の遺跡

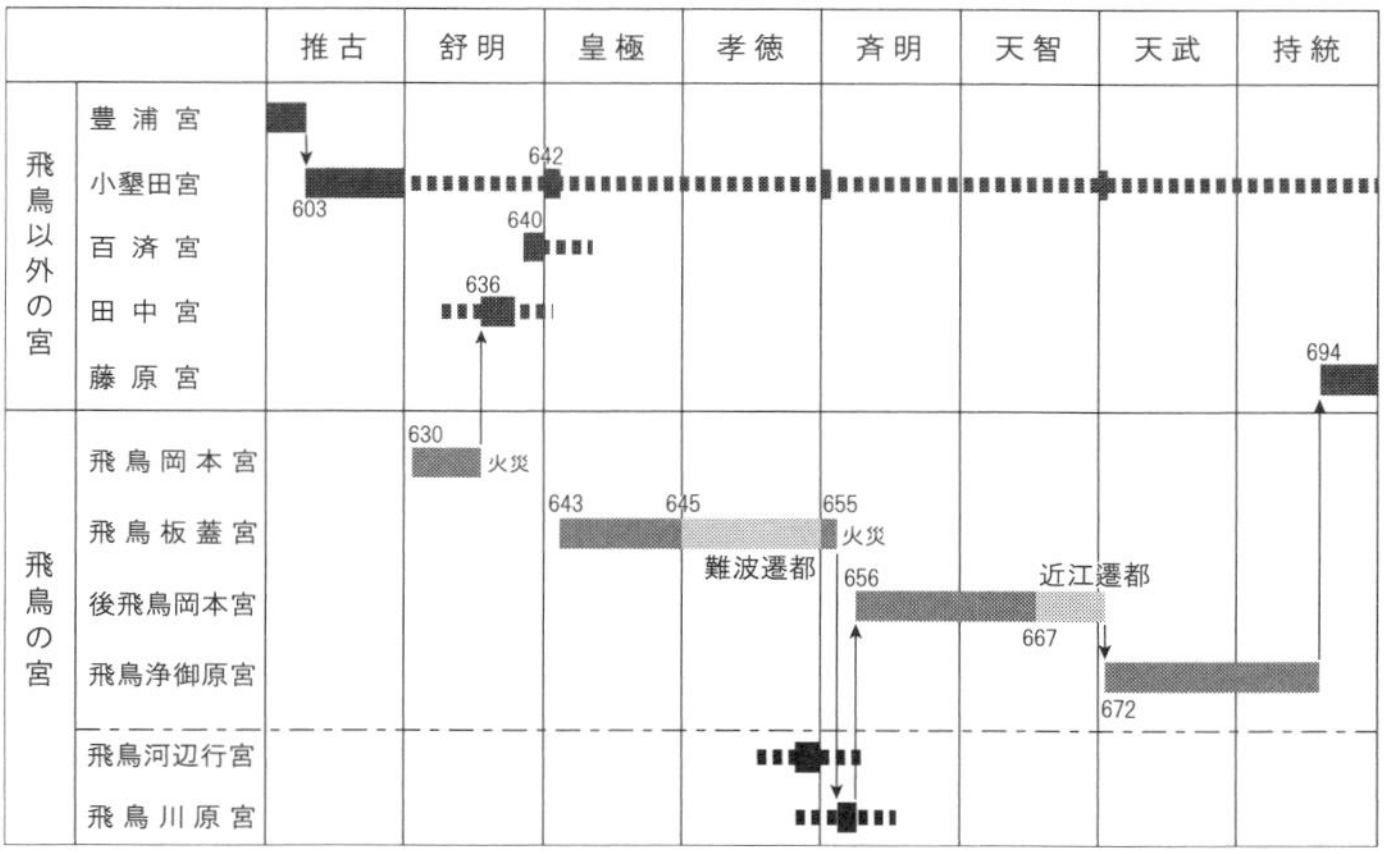

図５　飛鳥時代の宮の変遷

て遺構のようすを見ることができる。石神からは噴水構造の須弥《しゅみ》山石《せんせき》や石人像が掘り出され、ミカドや石神では石敷きが確認されたため、この一帯が飛鳥浄御原宮だという認識が強まっていた。

飛鳥宮の発掘

昭和三十四年（一九五九）に始まった板蓋宮伝承地の発掘調査では、それまでに確認されていないような石敷き舗装の建物や石組溝などが検出され、宮殿遺跡であることは疑う余地がなかった。しかし、出土した土器は藤原宮跡のものと類似し、板蓋宮とは時期が一致しない。さらに、火災の痕跡が認められなかった。その下層にも宮殿遺構が確認されたが、やはり火災の痕跡はなく、板蓋宮と断定するには根拠に欠けていた。あるいは、板蓋宮とはまったく異なる宮殿である可能性も否定できず、岡宮天皇と称された天武の皇子である草壁の島宮も候補にあげられた。そのため、遺跡名には慎重を期して「伝承」が付されることになった。

その後、奈良県立橿原考古学研究所による調査によって、昭和五十年頃までには、三期に大別される宮殿遺構の重複が確認され、同じ場所に複数の王宮が造営されたことがはっきりとしてきた。下層では火災の痕跡も見つかった。さらに、土器の分析から、最上層のⅢ期遺構は七世紀後半に造営されたもので、藤原宮《ふじわらきゅう》に遷る頃まで機能した可能性が高まり、飛鳥浄御原宮に該当するのではないかと考えられるようになっていった。しかし、そこは定説の場所とは異なり、宮号を特定する決定的な資料にも欠けることから、慎重な姿勢が取られていた。

『日本書紀』天武元年（六七二）是歳条によると、「宮室《おおみや》を岡本宮の南に営《つく》る。即冬に、遷りて居します。是を飛鳥浄御原宮と謂ふ」とあり、飛鳥浄御原宮は後飛鳥岡本宮の南に宮室を造ったものである。後飛鳥岡本宮はというと、斉明二年（六五六）是歳条に「飛鳥の岡本に、更に宮地を定めむ」とあって、宮号にもなっているように飛鳥の岡本に造られた。「後《のちの》」が付くのは、既に舒明の岡本宮があるからで、「天皇、飛鳥岡の傍に遷りたまふ。是を岡本宮と謂ふ」（『日本書紀』舒明二年〈六三〇〉十月癸卯条）とあって、舒明の岡本宮も飛鳥岡の傍に造営されていた。したがって、これらの王宮は飛鳥岡の麓に所在したことになる。

一九七〇年代に入り、飛鳥岡は、現在の飛鳥坐神社から岡寺にかけての丘陵の総称であることが明らかにされ（和田一九七五）、『扶桑略記』（第四、皇極天皇）に、飛鳥板蓋宮は「是大和国高市郡丘本宮同地也」とあることから、舒明の飛鳥岡本宮、皇極の飛鳥板蓋宮、斉明の後飛鳥板蓋宮、天武・持統の飛鳥浄御原宮と、飛鳥岡の麓にある飛鳥宮跡を直結させることができるようになったのである。

昭和五十一年（一九七六）の調査で、Ⅲ期遺構東限の石組溝が造られる以前に廃棄された木簡群がみつかり、そのなかに大化五年（六四九）二月から天智三年（六六四）二月まで使用された冠位「大花下」と書かれた木簡が確認された。これによって、下層遺構に実年代が与えられるようになり、飛鳥板蓋宮から後飛鳥岡本宮の時期の王宮も同地に存在したことが確実となった。

重複する宮殿

飛鳥宮跡でみつかっている建物跡はすべて、穴を掘って柱を立てる掘立柱建物である。柱は抜き取られたり、根元から切断されている。瓦はほとんど出土しないので、屋根は基本的に檜皮葺《ひわだぶき》か茅葺《かやぶき》だろう。当時はまだ、縦挽鋸《たてびきのこ》がなかったから、板を揃えるにはとても手間がかかる。だから、板葺は珍しいので「板蓋宮」のように宮号にもなった。建物の周りや広場は人頭大の石敷や礫敷で舗装され、石組の溝が縦横に伸びている。まさに石の都だ。明日香の水田の下、五〇チセン程の深さには、飛鳥時代の人々が歩いていたこの舗装がとても良い状態で残っている。この舗装が削られたところに下層の遺構が所々に顔をのぞかせる。上層の遺構を壊さないように、すでに削平されている所や遺構のない場所を掘り下げて下層遺構の調査を行う。だから、下層遺構ほど実態はよくわからない。このようにしてみつかった遺構は、造営順に大別してⅠ期、Ⅱ期、Ⅲ期と呼んでいる。

Ⅰ期遺構は、建物の中軸線が北で西に二〇度前後振れる遺構群である（図6）。この場所で最初に造営された王宮跡とみられているが、全体像はつかめていない。第一五五次調査で検出した塀の柱抜き取り穴には炭や焼土が混ざっており、Ⅰ期遺構が火災にあったことを示している（奈良県立橿原考古学研究所二〇〇八）。柱を立てるために掘られた穴、これを掘方《ほりかた》というが、この柱穴掘方の一辺は約一・二メートルもあるのに、深さは約三〇チセンしかなかった。通常は、柱穴の掘方一辺の長さに対して、深さは同じ程度に掘り込むので、九〇

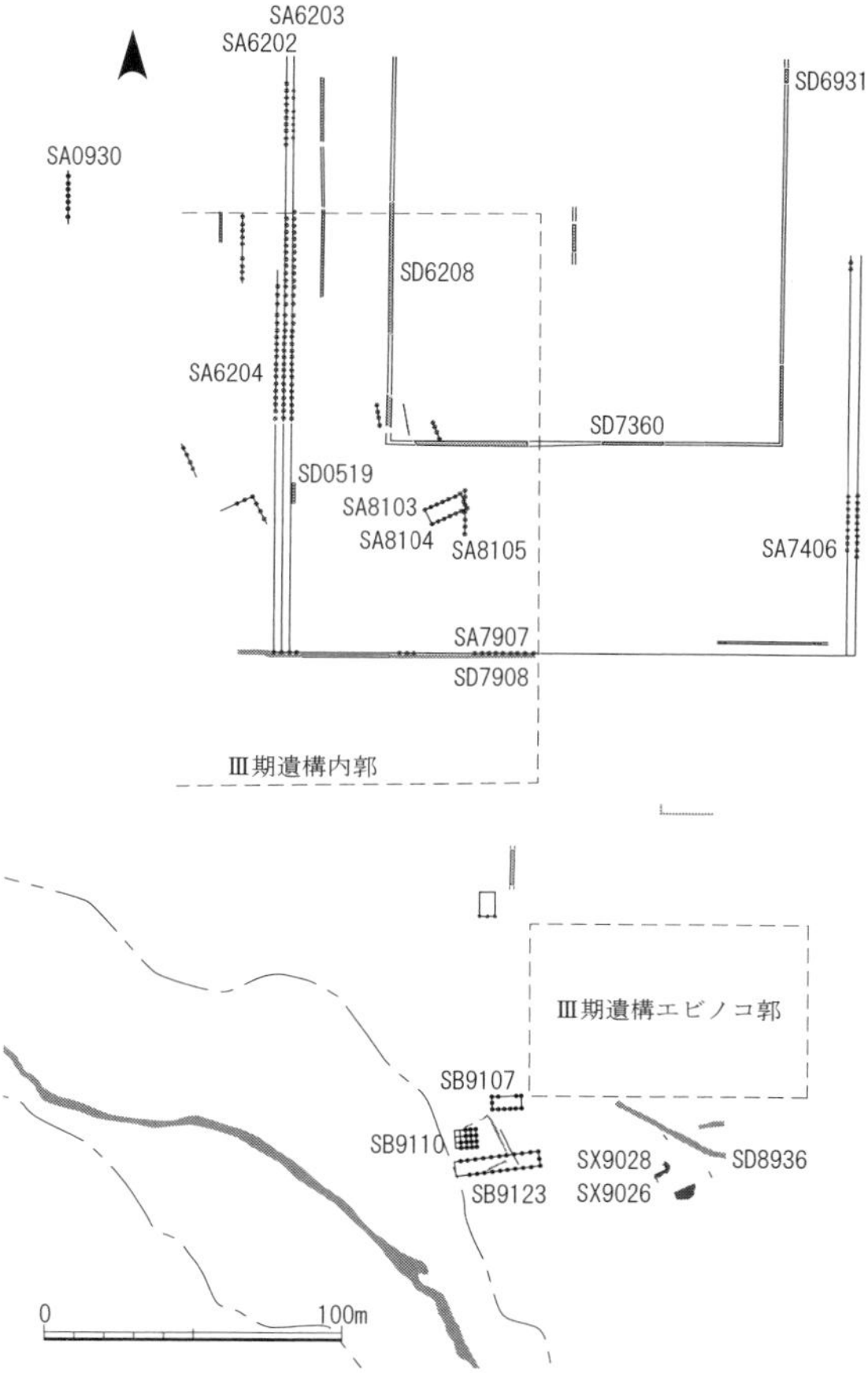

図６　飛鳥宮跡Ⅰ・Ⅱ期遺構

近《チセン》く削平された可能性が高い。上層の遺構が造られる時の造成で削平されたのだろう。Ⅱ期遺構は、南北軸を意識して造られている（図6）。Ⅰ期の遺構を削ったり、遺構を覆う盛土で広く土地造成を行ったりして造営された。全体像は不明だが、中枢部を囲むと想定されている区画塀や石組溝などが検出されている。想定される区画塀の規模は南北一九八《メートル》以上、東西約一九〇《メートル》であるが、遺構はいずれもごく一部の確認しかできていないため、区画の想定自体、今後の検証作業が必要だ。

Ⅲ期遺構は最上層の宮殿遺構であり、やはり南北を指向する。Ⅱ期の区画塀とほぼ同じ位置にⅢ期中枢部の区画塀が造られているため、Ⅱ期遺構の構造がⅢ期遺構の設計基準に影響を与えたとの指摘がある（今尾二〇〇八）。Ⅲ期遺構は、中枢部の内郭《ないかく》とその東南に造られたエビノコ郭《かく》、そしてそれらの周囲の外郭と呼ばれる三つの区画からなっており、外郭とエビノコ郭は内郭よりも遅れて造営されている。従来の見解では、エビノコ郭が付加される以前をⅢ―A期、付加後をⅢ―B期と細分していたが、遺構変遷や出土土器の再検討から、Ⅲ期遺構は三期に区分するのが妥当である。詳細は後述するが、Ⅲ―a期は内郭前殿のない段階、Ⅲ―b期は内郭前殿が造られるとともに東南地区が整備された段階、Ⅲ―c期はエビノコ郭が造営され外郭が整備された段階である（図7〜9）。

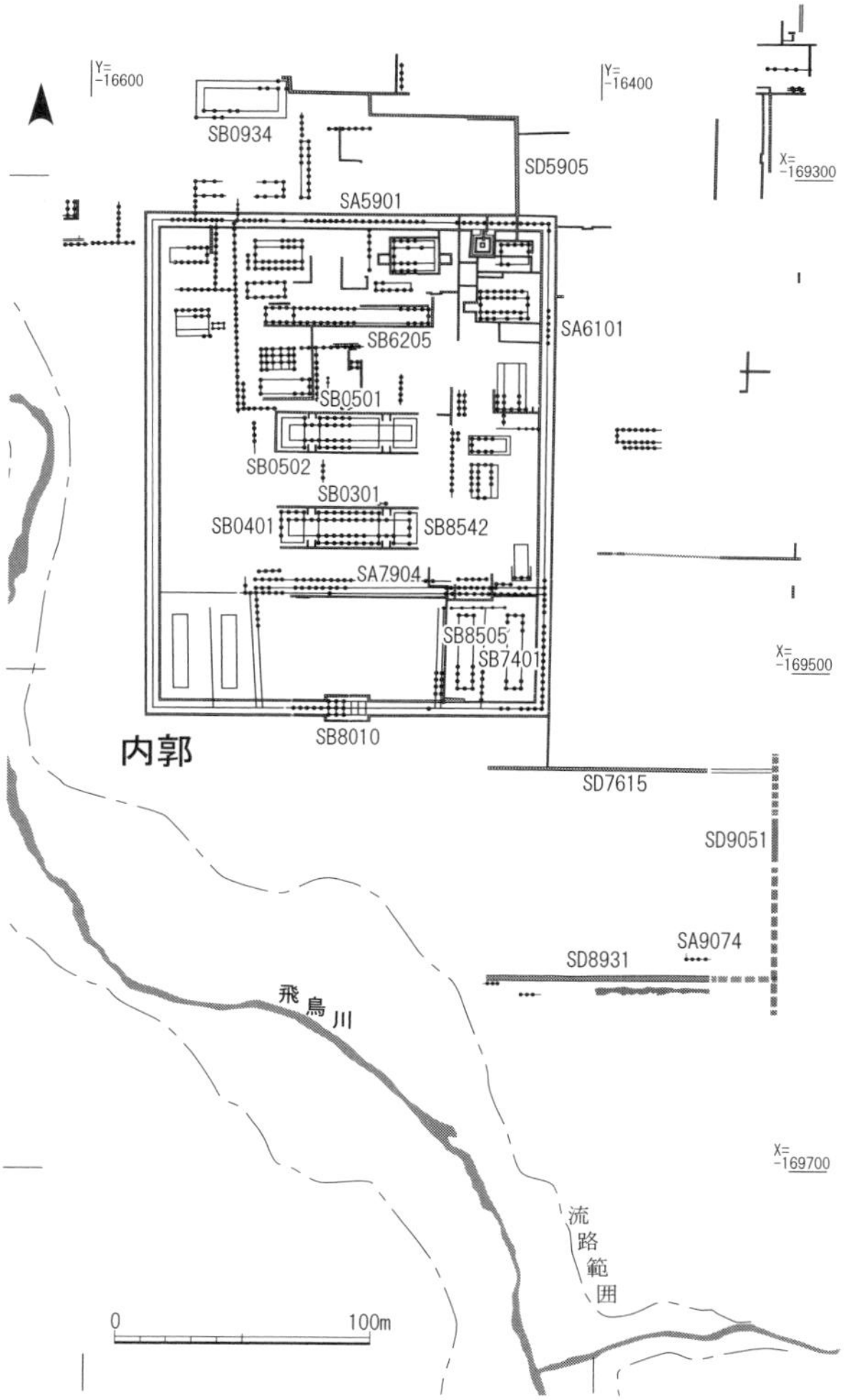

図７　飛鳥宮跡Ⅲ—ａ期遺構

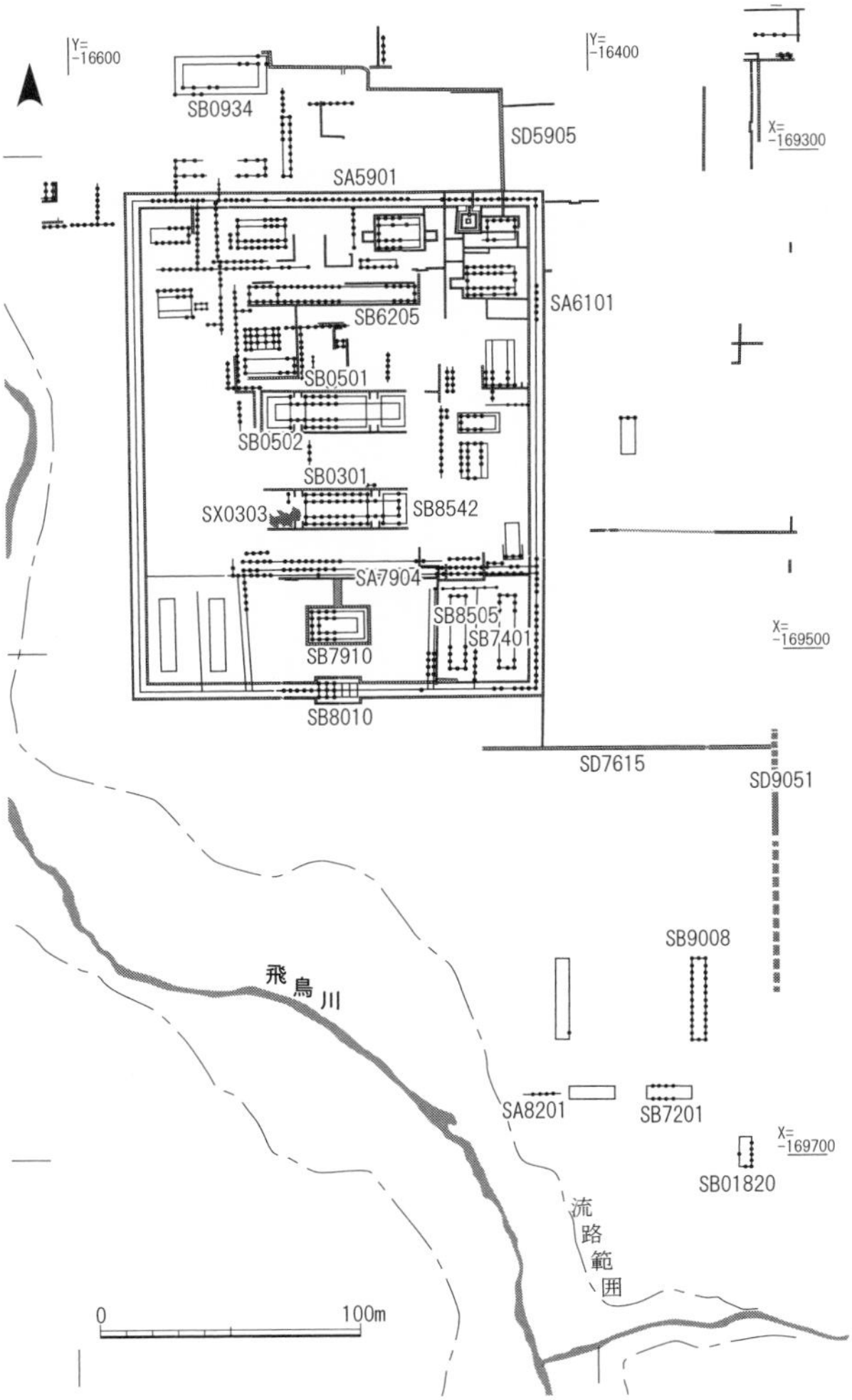

図８　飛鳥宮跡Ⅲ―b期遺構

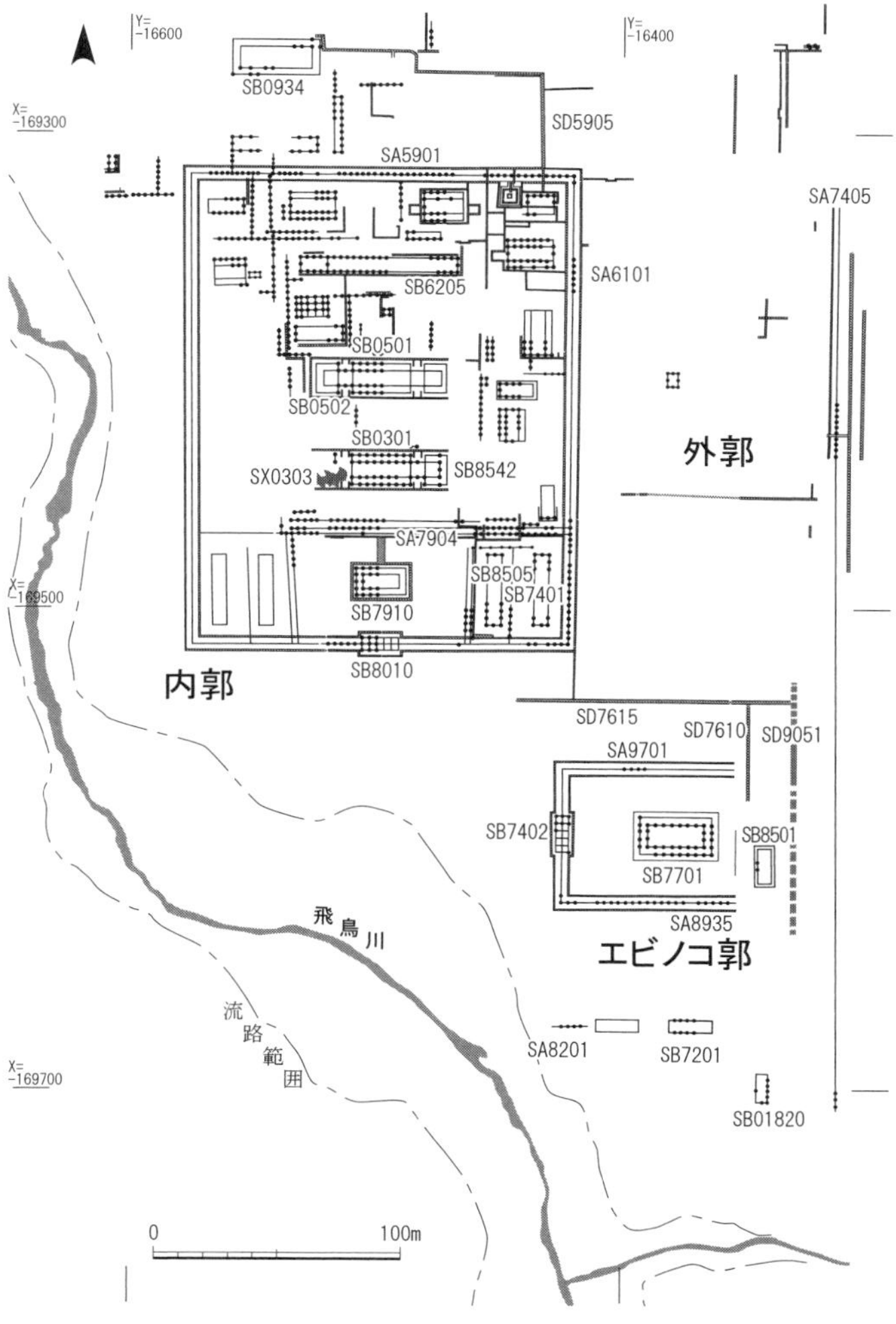

図９　飛鳥宮跡Ⅲ—ｃ期遺構

出土した木簡の記述や土器の年代から考えられる各期の年代は、Ⅰ期遺構が廃絶してⅡ期遺構が造営されるのが六四〇年頃、Ⅲ期遺構の造営が始まったのが六六〇年頃で、Ⅲ期遺構が改築されるⅢ—b期は六七〇年頃である。これをもとに飛鳥の王宮に当てはめると、Ⅰ期が飛鳥岡本宮、Ⅱ期が飛鳥板蓋宮、Ⅲ—a期が後飛鳥岡本宮、Ⅲ—b・c期が飛鳥浄御原宮に該当する。

飛鳥浄御原宮の特定へ

第一〇四次調査では、外郭の東端を区切る南北の石組溝の下から、「辛巳年」と墨で書かれた木簡を含む多量の木簡がみつかった。木簡といっても、その多くは木簡を再利用するために、字の書かれた表面を薄く削った木屑で、桃や瓜の種と一緒に廃棄されていた。辛巳年は天武十年（六八一）にあたり、その年の二月には飛鳥浄御原令の編纂が、三月には『日本書紀』や『古事記』につながるといわれる『帝紀』と『上古諸事』の編修が、いずれも大極殿において命じられた重要な年だ。木簡のなかには、天武の皇子女である「大津」や「太来」、天智の皇子の「大友」、近江国を指す「近淡」など、壬申の乱に関係の深い人物や地名がみられることから、『日本書紀』編纂事業に関係する木簡ではないかという推測もある（岸一九八七）。石組溝は最上層の遺構であることから、最終段階の王宮が飛鳥浄御原宮であることは確実となった。

Ⅲ—b・c期は、Ⅲ—a期に造営された王宮中枢部の内郭を引き継いだ上で増改築したものだから、天武は母である斉明の後飛鳥岡本宮を継承し、それを改修して利用したことがわかってきた。飛鳥浄御原宮は飛鳥宮跡の最終段階の王宮であるため、遺構がもっとも多く確認されていて構造がかなり判明してきている。明日香村岡に復元整備されている飛鳥宮跡の石敷と石組井戸は、Ⅲ期遺構の内郭北東隅にあたるもので、後飛鳥岡本宮として造られて飛鳥浄御原宮に引き継がれたものだ。

飛鳥浄御原宮はどんな宮か

王宮の中枢部—内郭

それでは、飛鳥浄御原宮の構造を詳しくみていこう。これまでに確認されているのは、内郭とエビノコ郭という塀で囲まれた区画と、それらを取り囲む外郭である（図10）。

内郭は飛鳥浄御原宮の中心部で内裏に相当する。内郭は、掘立柱塀で囲まれた南北約一九七メートル、東西一五二〜一五八メートルの南北にやや長い方形の区画で、南辺中央に東西五間、南北二間の南門が開く。南門を入ると、奥行き約四五メートル、東西幅約七〇メートルの礫敷の区画があり、その中央に内郭前殿ＳＢ七九一〇が建っている。前殿は、東西七間×南北四間（約二〇メートル×一一・二メートル）の掘立柱建物で、四面に庇《ひさし》が付く格式の高い建物だ。建物の周囲には、

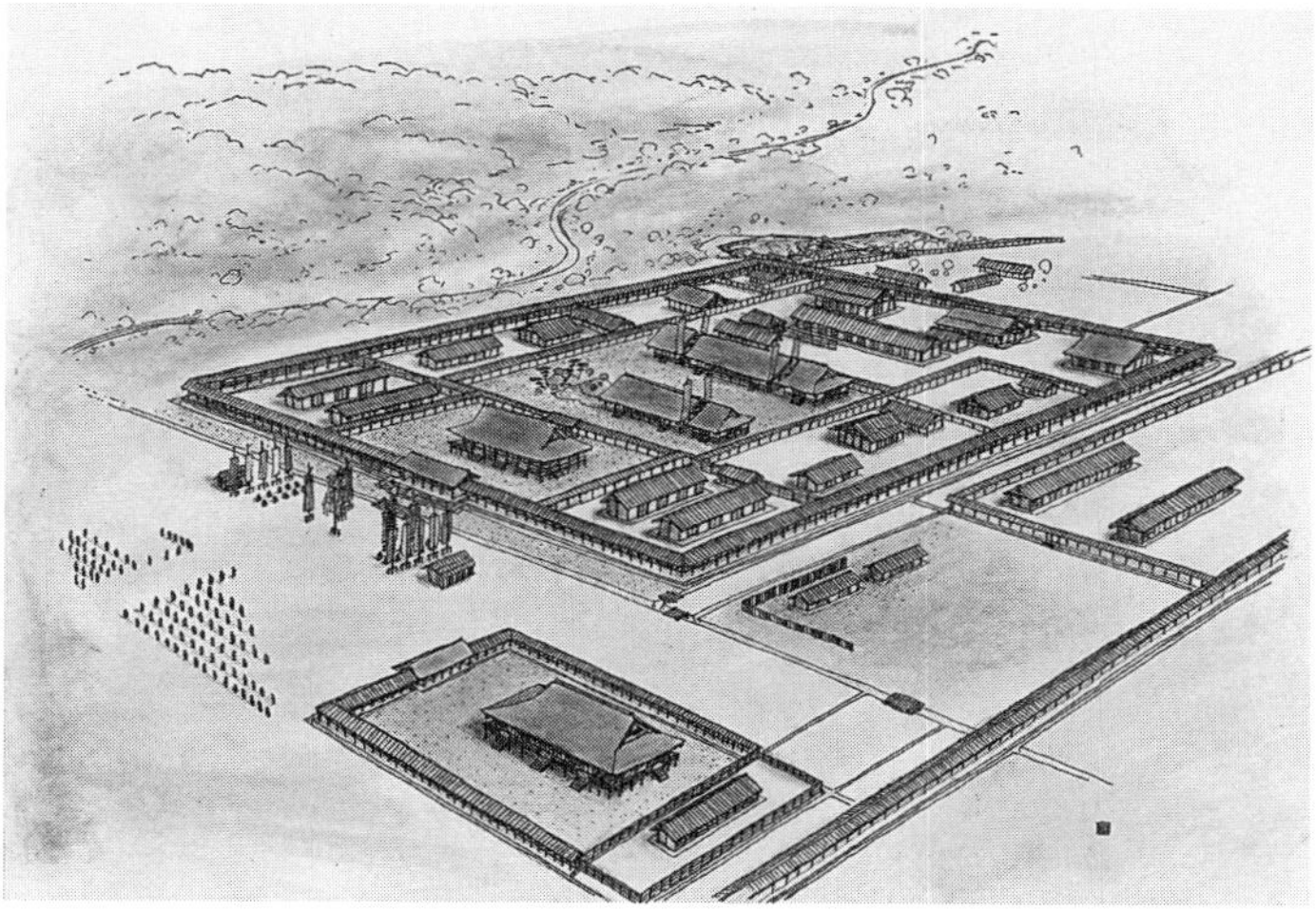

図10　飛鳥浄御原宮の復元イラスト（早川和子氏画）

庇の柱である側柱より約一・二メートル外側を幅約〇・九メートルの石敷が廻っている。

　前殿のある区画の東側には、掘立柱塀を挟んで南北十間、東西二間の南北棟建物（SB八五〇五・七四〇二）が並び立つ。建物周囲に石敷が廻るが、その周りは礫敷の空間になっている。おそらく、内郭の中軸線で西側に折り返した対称位置にも同じ南北棟建物が並立したと思われる。

　前殿の背面には、北側へ延びる幅約三メートルの石敷通路が取り付いていて、奥の東西塀まで続く。そこは東西塀で区切られた北区画への出入口のはずだが、控え柱があるような立派な門の形跡はなく、おそらく潜門《くぐりもん》（低い小さな門）のような塀と一体の簡素な門だったと考えられる。東西塀は三重にもなっているように、ここから先は開かれた空間ではないのだ。この東西塀の北側を北区画、南側を南区画と呼ぶ。

東西塀を通り抜けると、そこからは人頭大の石敷が広がる空間になっている。東西塀から約一五メートル先の正面には、東西八間、南北三間の大型建物が建ち、その大型建物の東西には廊下で繋がる小型建物が付属する。柱を基準にした東西総長は約五三メートルにもなる巨大建築だ。その柱の直径は六〇センチにもなる。南門や南大垣など、その他の建築物はだいたい直径三〇センチほどだから、正殿には特別に太い柱が使われていたようだ。屋根は切妻造で、檜皮葺か板葺である。驚くことに、この巨大建築は、約二六メートルの空間を挟んでまったく同じ構造のものがもう一棟並んでいた。ただ、階段の痕跡があったのは南側の建物だけだ。これらは北区画の中心建築になるのでいずれも正殿と呼んでいる。この正殿こそ、天武・持統が常居した飛鳥浄御原宮の中心殿舎だ。

巨大な正殿のある独立区画—エビノコ郭

内郭の東南にエビノコ郭がある。「エビノコ」はこの場所の小字名で、「蝦夷《えび》の子」からきたとも言われる。遺跡名はみつかった場所の地名を付けるのが原則なので、それに従って命名された。ただ、エビノコ郭は飛鳥宮跡Ⅲ期遺構の一区画であるので、遺跡名としての呼称法ではなく、内郭に対して東南郭とも呼ばれる（小澤二〇〇三）。

エビノコ郭は一本柱塀で囲まれた方形区画で、西辺に内郭南門と同規模の正門が開く。門を入ると礫敷の空間で、正面に正殿SB七七〇一が建つ（図11）。飛鳥宮跡のなかで最大級の正殿であり、東西九間（二九・二メートル）、南北五間（約一五・五メートル）で、四面に庇が付く。庇の柱である側柱の位置から外側には、人頭大の石を二三〇センチ幅で敷いて建物をめぐらせている。南辺の石敷は、建物中央の柱間と東・西からそれぞれ二間目の柱間の部分が抜けており、この部分に階段が取り付くものと考えられる。藤原宮以降の古代都城は、天子は南を向いて臣下と対面し、政治を執るという古代中国の思想を反映しているため、正殿の正面は南側である。内郭の正殿がいずれも南面することからも、エビノコ郭正殿の正面は、階段が三か所均等に配置された南側と考えるべきだろう。だが、正殿の南側のエビノコ郭南辺の塀には門がない。正門はエビノコ郭西辺にあるため、正門を入ってみえるのはエビ

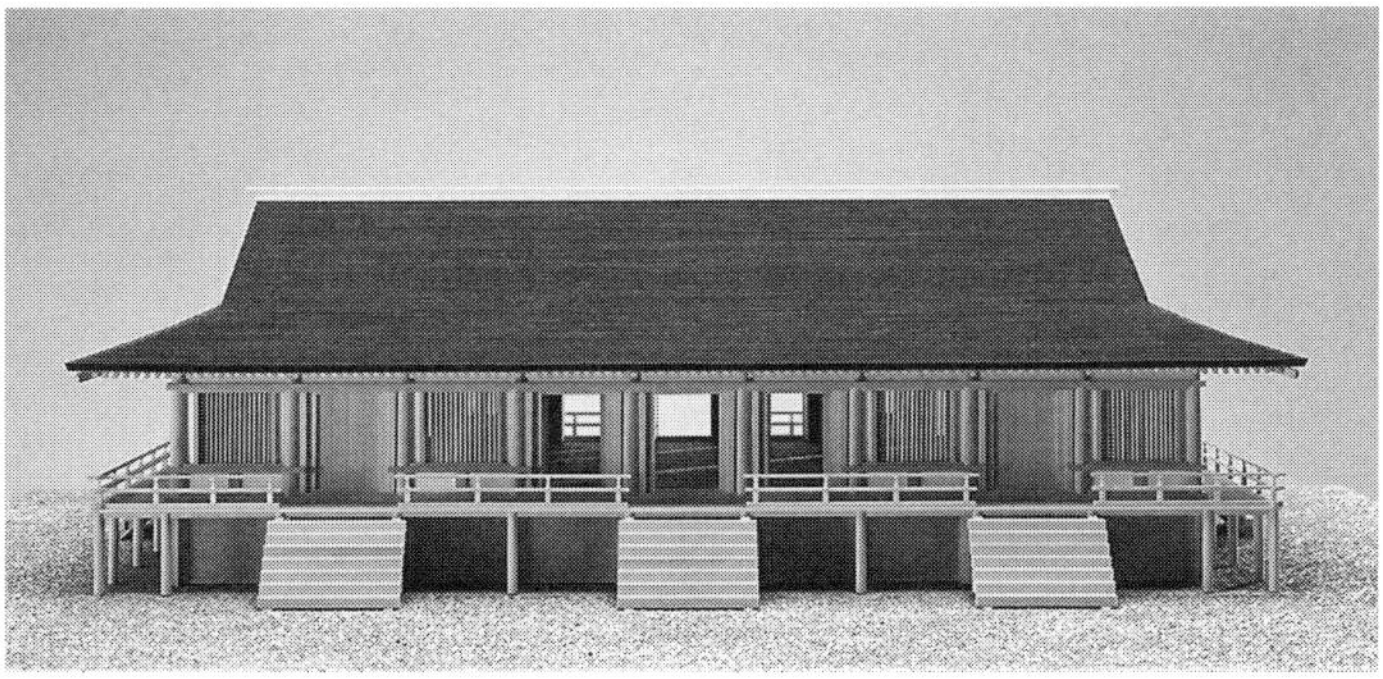

図11　エビノコ郭正殿復元模型（奈良県立橿原考古学研究所附属博物館蔵）

ノコ郭正殿の横側、つまり妻側だ。この不思議な配置と構造については、章をあらためて考えてみよう。

エビノコ郭正殿の東奥には南北棟建物が配置されている。この南北棟建物は脇殿と想定されることが多いが、門との関係を考慮すると正殿の後殿として長大な建物となるかもしれない。エビノコ郭の東辺には南北石組溝が通るが、一本柱塀がどのように巡るのかは不明である。

中枢部を取り囲む外郭

内郭とエビノコ郭の外側が外郭だ。西は飛鳥川、南はエビノコ郭の南約一五〇《メートル》にある唯称寺川が境になると考えられ、内郭の東約一〇〇《メートル》で東限の南北塀が確認されている。北限ははっきりしないが、内郭北辺から約三八〇《メートル》、飛鳥寺南門から南へ約一〇〇《メートル》の位置で、東西に延びる幅二・八《メートル》、深さ〇・八《メートル》の大きな石組み溝が見つかっており、ここに空間構造の区分があったことが伺える。外郭の構造はよくわかっていないが、石組溝による区画があることがわかっており、役所などが配置されたと推測されている。

第一六五次調査では、内郭北西隅の北側で、東西十一間、南北五間と推測される四面庇付き大型建物SB〇九三四が見つかっており、復元案が正しければ、エビノコ郭正殿よりも巨大な建造物となる（奈良県立橿原考古学研究所二〇一四）。また、第一八九次調査では、その大型建物の南方で内郭北面大垣との間に、SB〇九三四の西側柱筋と一致する東西棟建物が存在することを確認しており、大型建物を中心とした建物群で構成された一画が存在した可能性が高まっている。大型建物SB〇九三四は、母屋の東西両端の一間が他の柱間よりも広いという特徴的な構造になっており、飛鳥宮跡ではほかに見られない特徴をもつ。似た構造は、平城宮の内裏第Ⅰ期と第Ⅳ～Ⅵ期の正殿、長屋王邸の主殿にみられ、これらは奈良時代における天皇や貴族の私的空間の正殿である。だから、大型建物SB〇九三四は皇后宮の正殿であった可能性もあるが、造営時期や建物群の配置などについては、今後も検討を重ねる必要がある。

内郭のなかで、三重の東西塀によって閉ざされた北区画は、内郭前殿から北に伸びる石敷通路の先に門跡が確認されていないように、本来、人の出入りが想定されていない特殊な場所だ。そこは天皇が常居する、いわば私的空間なのだ。北東隅には井戸があることも暮らしを想像することができる。それに対して、南門を入ったところにある礫敷の空間と正殿を中心とした南区画は無機質な儀式・儀礼の空間であり、大きな門が開くいわば公的空間だ。東西塀を境に舗装方法が変わるのも、こういった空間構造を反映させた表現方法の一つだ。内郭南区画と同じく、大きな門が開き、礫敷舗装された区画の中心に正殿を配置するエビノコ郭もまた、公的な儀式空間であったと考えてよい。

プライベート空間と儀式空間

南区画と同じく儀式的な空間と考えられるものに、内郭の北西に造られた飛鳥京跡苑池《えんち》がある（図12）。門を構えた一郭には、渡り堤で仕切られた石組護岸の北池と南池があり、南池の東南には掘立柱建物が数棟建っている。

南池は水深約三〇㌢《セン》《チ》と浅く、底には石が敷き詰められていた。南池には噴水構造の石造物や中島があり、それらの周囲には栈敷が設置されていた。噴水構造の石造物は池底から一五〇㌢《セン》《チ》の高さがあり、立ったままの状態で見つかった。現在は、奈良県立橿原考古学研

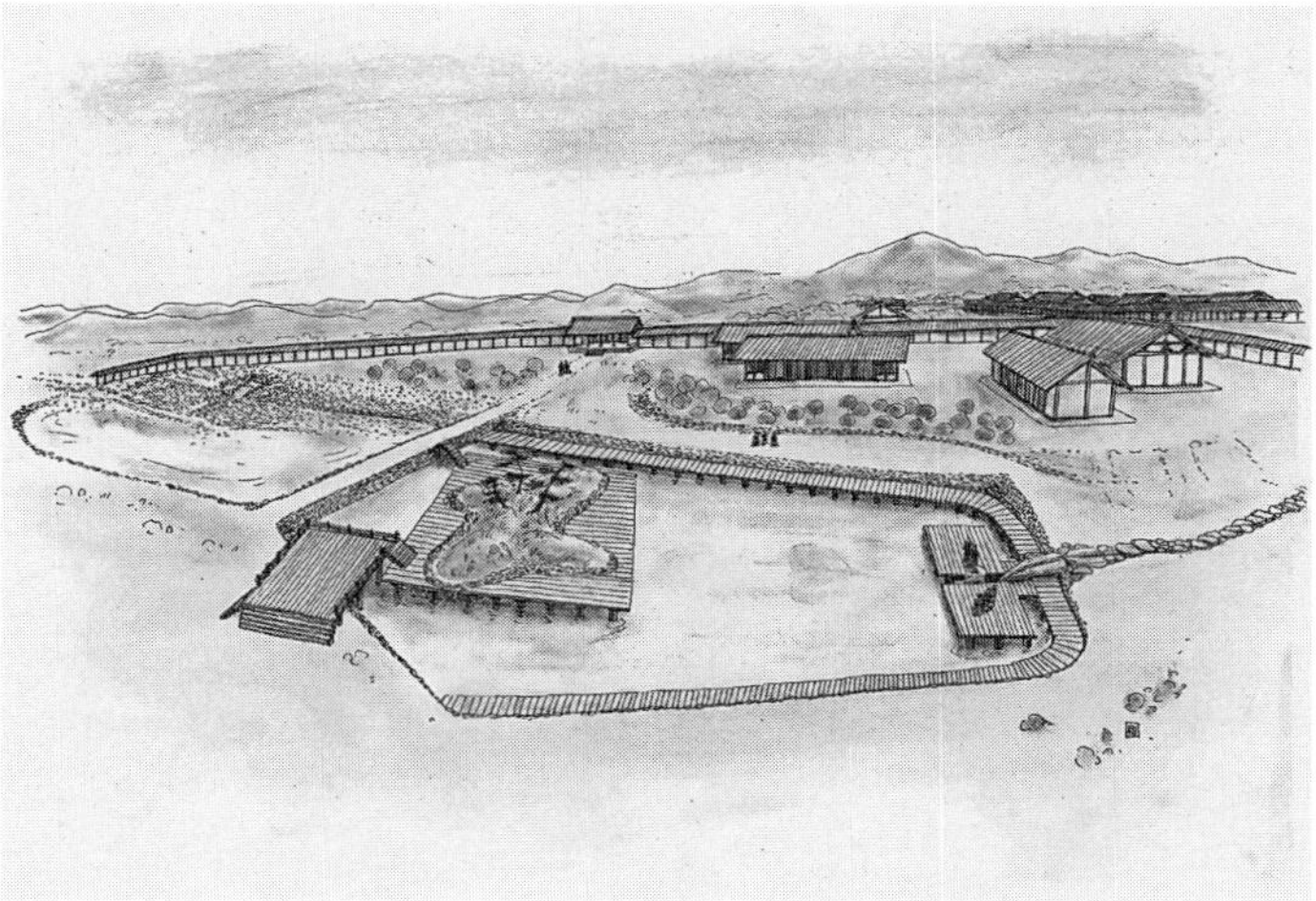

図12　飛鳥京跡苑池の復元イラスト（早川和子氏画）

究所附属博物館に展示されている。底部からの高さは一六八《チセン》あり、間近で見るととても大きく感じる。だが、石造物の周囲にある桟敷から出ている高さは六〇〜八〇《チセン》程度と想定され、噴水は膝あたりの高さから噴き出していたようだ。桟敷へは、護岸に沿って水面に浮かぶ通路や、護岸から張り出した露台から出入りしたらしい。池に浮かぶ桟敷や通路が確認されたことによって、南池は従来の観賞池というイメージとは違って、池の中の舞台を積極的に利用する施設だったことがわかってきた（重見二〇二二）。

北池は深く、中央付近の水深は二《メートル》以上もある。池のなかに建物はないようだ。

図13　北池の湧水・流水施設（奈良県立橿原考古学研究所提供）
奥に見えているのが岡寺山。
岡寺山は複数の流路の源流となっていて，水神祭祀の聖域だ（本書「飛鳥と王権」144～145頁）。

池の北東には石敷きと流水施設があって、北隣の階段から出入りできた。亀形石槽で著名な酒船石遺跡を彷彿させる、水のマツリの舞台だ（図13）。

そのほか、出土した木簡の内容や花粉分析などから、苑池には、薬園、桃園、梨園などもあったと考えられている。苑池の造営時期は斉明朝頃とみられ、天武朝頃に改修されているようだ。『日本書紀』天武十四年（六八五）十一月条の「白錦後苑」、あるいは持統五年（六九一）三月条の「御苑」にあたるものと考えられる。

エビノコ郭の築造

内郭・エビノコ郭・外郭は、天武朝の初めから揃っていたわけではなく、まず、内郭があって、のちにエビノコ郭が付加された。ただ、天武朝になってダイレクトにエビノコ郭が追加造営されたのではなく、その前段階の整備があったことがわかってきた。以下の説明では、エビノコ郭のある場所を東南地区と呼ぼう。

天武天皇が即位した当初、東南地区は内郭の南に広がる南北約一〇〇《メートル》もの礫敷広場の一角であった。この広場を南庭といい、東南地区には南庭の南端となる石組みの大溝ＳＤ八九三一が東西に走っていた。天武朝になると、この石組み溝を埋めて南庭をさらに広げ、南北棟建物ＳＢ九〇〇八、東西棟建物ＳＢ七二〇一、東西塀ＳＡ八二〇一からなる建物群を配置した。南北棟建物SB九〇〇八は南北十二間、東西二間の長大な建物で、その平面形態は前期難波宮のいわゆる「朝堂院《ちょうどういん》」の庁と類似することから、規模は小さいながら、東南地区にも「朝堂院」と同じく庭と庁（儀式の場と政務の場）からなる構造が整備されたものと考えられる。エビノコ郭は、これらの建物群を撤去したのちに造営されている。

従来、エビノコ郭の造営は天武朝の初頭のことだと考えられており、飛鳥浄御原宮の成立を示す指標とされてきた。『日本書紀』天武元年（六七二）九月条には、「宮室を岡本宮の南に営る。即冬に、遷りて居します。是を飛鳥浄御原宮と謂ふ」とあり、ここにみえる「宮室」がエビノコ郭にあたるとされてきた。だが、天武朝の初頭に造られていないエビノコ郭をこの「宮室」にあてることはできないのだ。

内郭前殿の増築

「宮室（オホミヤ）」は内裏や大極殿といった王宮の中心施設のことであり、天武朝初めに整備された東南地区の庭や庁はあたらない。それでは岡本宮の南に造られた「宮室」はどこだろうか？　実は、天武朝に造営されたと考えられる重要な殿舎がもう一棟ある。内郭の公的空間である南区画の正殿、内郭前殿SB七九一〇だ（図14）。内郭前殿SB七九一〇の造営にともなう整地土のさらに下層から、天武朝頃の土師器の杯が出土しているため、内郭前殿は、少なくとも、斉明朝の後飛鳥岡本

図14　内郭前殿の検出状況（奈良県立橿原考古学研究所提供）

宮には存在していなかったとみられる。造営時期を厳密に特定することはできないが、この土器の年代を拠り所にすれば、内郭前殿は、天武朝の初めに造営された可能性が高い。内郭前殿は公的空間の正殿であり、「宮室」と表現するのにふさわしい殿舎だ。内郭前殿はその名の通り、南門を入って直ぐに位置する殿舎であり、内郭のなかでもっとも南にある。まさに「岡本宮の南」である。宮室を造った場所が「岡本宮の南」であって「南庭」ではないこととも整合的である。内郭前殿こそ、天武天皇が遷宮にあたって造営した宮室とみてよいだろう。

大極殿はどれか——殿舎名の比定

飛鳥浄御原宮の構造がおおよそつかめたところで、次に、これらの建築遺構が何と呼ばれた殿舎なのかをみていこう。史料に登場する殿舎が特定できれば、建築遺構の機能や役割が分かってくるので王宮の空間構造が見えてくる。さあ、ようやく大極殿に迫ろう。

殿舎名の改変

『日本書紀』に登場する飛鳥浄御原宮の殿舎には、「西門」「南門」「新宮西庁」「大殿」「向小殿」「内安殿」「外安殿」「大極殿」「造法令殿」「旧宮安殿」「大安殿」「御窟殿」「後宮」「正宮」「前殿」「西庁」がみられ、空間を示すものに、「西門の庭」「南門の庭」「朝庭」「東庭」がある。多くの殿舎名がみえるが、これらは天武朝の初めから一緒に登場するわけではなく、大半が天武十年（六八一）以降に登場する。これらと入れ代わるように、『日本書紀』の崇神紀からみられた「大殿」はみえなくなることから、天武十年頃を境に殿舎名が改変されたようだ。天武十年には、大極殿で律令の編纂と歴史書の編修が命じられ、草壁皇子が皇太子となった。この重要な年を境に多くの殿舎名が登場するようになるのは偶然ではないだろう。

旧宮と新宮

天武朝に特徴的な記載として、「新宮」と「旧宮」がある。「新宮の西庁の柱に霹靂す」（天武七年〈六七八〉四月己亥〈十三日〉条）、「新宮の井の上に居しまして、試に鼓吹の声を発したまふ」（天武十年〈六八一〉三月甲午〈二十五日〉条）の記事から、新宮には西庁や井戸があったことがわかる。天武十年までに天武が造営した正宮は飛鳥浄御原宮のみである。飛鳥宮Ⅲ期の内郭北東隅には石組井戸があるし、後述するように、西庁を想定させる東庁が存在するので、新宮とは飛鳥浄御原宮のことと考えてよい。一方、「旧宮の安殿の庭に宴す」（天武十四年〈六八五〉九月壬子〈九日〉条）の旧宮は、飛鳥浄御原宮に対する表現なので後飛鳥岡本宮のことである。後飛鳥岡本宮の内郭は浄御原宮に踏襲されているので、旧宮安殿は、すなわち浄御原宮の殿舎でもある。つまり、旧宮の後飛鳥岡本宮を継承した時点で、それは天武の新宮である飛鳥浄御原宮となったのだ。天武十年に殿舎名が変更されたと上述したが、慣れ親しんだ旧名称も使われていたようだ。

新宮に関しては、飛鳥宮Ⅲ期に後から増築されたエビノコ郭を中心とする一郭をあてる見解がある。そうすると、エビノコ郭には西庁と井戸が存在したことになるが、今のところ見つかっていない。この見解では、南門は存在しないものの、エビノコ郭の南側に朝庭と庁が並ぶ構造を想定するが、遺構からは考えにくい。

西門・南門

「西門の庭に射ふ」（天武四年〈六七五〉正月壬戌〈十七日〉条）、「南門に射ふ」（天武六年〈六七七〉正月庚辰〈十七日〉条）とあるように、飛鳥浄御原宮の門前の広場では射礼《じゃらい》が行われた。射礼は正月中旬に行われる朝廷の年中行事で、『日本書紀』には、天武四年（六七五）から西門と南門で交互に行われ、天武十年（六八一）に朝庭で行われるまで毎年みられる。天武十三年（六八四）には「天皇、東庭に御す。群卿侍へり。時に、能く射ふ人及び侏儒・左右舎人等を召して射はしむ」とあって、東庭で射礼が行われている。射礼の実施場所は基本的に西門と南門の庭であることから、両者は同じ広場のこととみなすと、内郭南門とエビノコ郭西門がそれぞれ面している広場が候補となる。しかし、エビノコ郭の造営は天武初年よりも遅れるので、天武四年からみえる

「西門」に比定するのは難しいし、エビノコ郭が存在しているとみられる天武十年以降に「西門」が見られなくなるのも理解しがたい。南門・西門の庭は別の広場と考えるべきだ。射礼の場所には東庭もあるが、この南門・西門・東庭の方位を決める視点は、天皇が常居する内郭とみるのが自然だろう。内郭の南門・西門前の庭、そして、内郭東側の庭で射礼は行われたのだと思う。

内郭西門は未確認だが、内郭の西面を通る南北軸から飛鳥川までの空間は特別視されていることから、内郭西面に門が開く可能性は高い。飛鳥寺は南門よりも西の広場に開く西門の規模の方が大きく、飛鳥寺西の広場を重視していることがうかがえるし、飛鳥川を越えた左岸に位置する川原寺は、南門よりも東門の規模が大きいのだ。また、内郭北西には儀式空間とみられる苑池が存在する。内郭北面には格式の高い門が開かないので、内郭西面に規模の大きな門が開くものと想定される。

安殿と大殿

「大殿《おおとの》」は『日本書紀』の崇神紀からみられ、天皇が病に伏した時に過ごし、崩御するまで居ます殿舎である。王宮の中でもっとも奥まった殿舎といえる。天武朝では、草壁皇子を筆頭とする六人の皇子が、吉野宮で皇位継承を確認した後日に、大殿の前で天皇を拝礼している（『日本書紀』天武八年〈六七九〉五月己丑〈十日〉

条)。また、『日本書紀』天武九年(六八〇)正月条には、「天皇、向小殿に御して、王卿《おおきみまへつきみ》に大殿の庭《おおば》に宴したまふ」とある。

飛鳥浄御原宮にあたる飛鳥宮跡Ⅲ―b・c期の内郭には、天皇の私的空間に同じ構造の正殿が南北に並立する。このいずれかが大殿だ。大殿はもっとも奥まった殿舎だから北側の正殿SB〇五〇一とみなすのが妥当だ。正殿中央の大型建物には、その東西に小型建物が連結しており、名称からしてもこれらが「向小殿」にあたるのは間違いない(図15)。

天武十年(六八二)正月条には「天皇、向小殿に御して宴したまふ。是の日に、親王《みこたち》・諸王《おおきみたち》を内安殿に引入《めしい》る。諸臣《まえつきみたち》、皆外安殿に侍り。共に置酒して楽を賜ふ」とある。この時の饗宴は近接した空間で行われたことがうかがえるから、天皇の居る向小殿がある私的空間で行われたはずだ。「内安殿」と「外安殿」は互いに対応する名称であることから、内安殿と外安殿は、私的空間に並立し、天皇の居る向小殿が連結する正殿の大型建物を指しているものとみてよい。すなわち、より奥側に位置する北側の正殿SB〇五〇一が内安殿であり、南側の正殿SB〇三〇一が外安殿に該当する。つまり、内安殿SB〇五〇一の旧称が大殿だ。対する外安殿SB〇三〇一の旧称は、天武十四年(六八五)にみられる旧宮の「安殿《あんでん》」である。

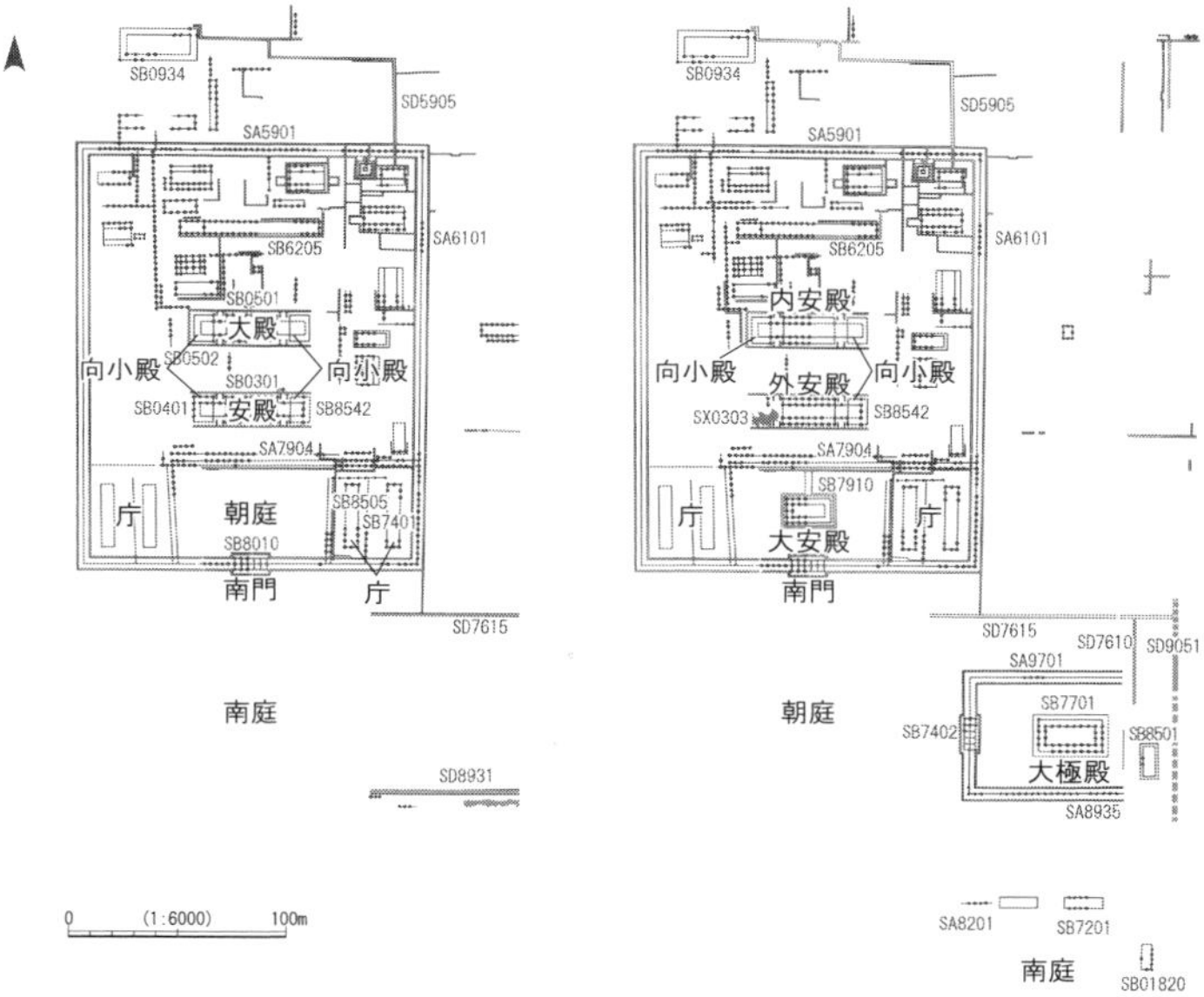

Ⅲ－ａ期
後飛鳥岡本宮

Ⅲ－ｃ期
飛鳥浄御原宮

図15　殿舎名の比定

南北に並立する南の「外安殿」ＳＢ〇三〇一と北の「内安殿」ＳＢ〇五〇一は同じ構造だが、大きな違いがある。南の「外安殿」ＳＢ〇三〇一には、南側と北側に二か所ずつ階段が取りつくのに対し、北の「内安殿」ＳＢ〇五〇一にはその階段を設置した痕跡がないのだ。つまり、「外安殿」ＳＢ〇三〇一は、私的空間にありながらも、殿舎への出入りを想定した造りであり、一方の「内安殿」ＳＢ

〇五〇一は、人の出入りを想定しない殿舎といえる。まさに、天皇の殿舎だ。だから、内安殿SB〇五〇一に親王、諸王を招き入れるときには、境界を越えるように「引入る」と表現されたのだ。

飛鳥浄御原宮には、もう一つ重要な殿舎として「大安殿」がある。大安殿では、賜宴のほかに殿舎の前で博戯などもさせているが、朱鳥元年（六八六）二月には授位を行っており、公的性格が強い殿舎であった。天武朝の大安殿は、大極殿と同じような使われ方をしていることから、両者を同一視する意見もあるほどだ。だが、『日本書紀』において、同じ饗宴の記事でありながら、朱鳥元年正月二日条では「大極殿」、同月十六日条では「大安殿」とあって、近接する日付けの記事で両者を使い分けているのは重視すべきだから、それぞれ異なる殿舎とみなすのが妥当である。飛鳥浄御原宮における公的空間の正殿はちょうど二つ。内郭前殿とエビノコ郭正殿だ。そもそも安殿（ヤスミドノ）とは安息する殿舎の意であるから、大安殿は内裏にあたる内郭正殿の名にふさわしい。大安殿は内郭前殿とみてよいだろう。

大極殿

内郭前殿を大安殿とすると、飛鳥浄御原宮における公的空間の正殿は、残るエビノコ郭正殿ただ一つ。内郭前殿よりも一回り大きく、飛鳥宮跡でも最大級の格式高い建築物である。独立した区画を備えたこの殿舎こそ「大極殿」にふさわしい。大極殿の初出記事では、「天皇・皇后、共《もろとも》に大極殿に居《おわ》しまして、親王《みこたち》・諸王《おおきみたち》及び諸臣《まえつきみたち》を喚《め》して、詔《みことのり》して曰はく、『朕《われ》、今より更律令《またのりのふみ》を定め、法式《のり》を改めむと欲《おも》ふ。故《かれ》、倶《とも》に是の事を修《おさ》めよ。然《しか》も頓《にわか》に是《これ》のみを務《まつりごと》に就《な》さば、公事《おおやけわざ》闕《か》くこと有らむ。人を分けて行ふべし』とのたまふ。」（『日本書紀』天武十年〈六八一〉二月甲子〈二十五日〉条）とあって、律令の編纂を命じており、同年三月丙戌〈十七日〉条では、「天皇、大極殿に御《おわしま》して、川嶋皇子《かわしまのみこ》・忍壁《おさかべ》皇子・広瀬王《ひろせのおおきみ》・竹田《たけだ》王・桑田《くわた》王・三野《みの》王・大錦下《だいきんげ》上毛野《かみつけのの》君三千《きみみちぢ》・小錦中忌部連首《しょうきんちゅういんべのむらじおびと》・小錦下阿曇連稲敷《あずみのむらじいなしき》・難波《なにわの》連大形《おおかた》・大山上中臣《だいせんじょうなかとみ》連大嶋《おおしま》・大山下平群《へぐり》臣子首《こびと》に詔して、帝紀《すめらみことのふみ》及び上古《いにしえ》の諸事《もろもろのこと》を記し定めしめたまふ。大嶋・子首、親《みずか》ら筆を執《と》りて以て録《しる》す。」とあり、歴史書の編修を命じている。このように、大極殿は天武十年の初出記事から重要な詔を発する殿舎として登場するのであり、特別な殿舎であったことは間違いない。

エビノコ郭が造営された飛鳥宮Ⅲ―c期は天武朝の後半だから、初出記事は造営時期とも矛盾しない。もし、天武朝の最初に大極殿としてエビノコ郭を造営したのであれば、天武十年よりもっと早い時期から積極的に利用したであろう。

藤原宮以降の都城において、大極殿のある一郭は天皇の独占的空間であり、大極殿は朝堂院の正殿に位置づけられている。そのため、「親王《みこたち》より以下群卿《しもつかたまえつきみたち》に及《いた》るまでに、大極殿の前に喚《め》して、宴《とよのあかり》したまふ」（『日本書紀』天武十二年正月乙未〈七日〉条）のような使われ方をする天武朝大極殿は、その存在自体を疑う見解がある。同様の記事は朱鳥元年〈六八六〉正月癸卯〈二日〉条にもあり、さらに同月丁巳〈十六日〉条には、「天皇、大安殿に御して、諸王卿を喚して宴賜ふ。」とあって、大安殿での賜宴記事が続いている。こういった記述から、天武朝の大極殿は実態のない単なる文飾だとみなすのだ（狩野一九九〇）。確かに、藤原宮以降の大極殿と使用法が異なるのは事実だ。しかし、そのことは、大極殿と呼ばれた特別な殿舎が存在したことまで否定する根拠にはならないはずだ。そもそも、藤原宮と飛鳥浄御原宮は、構造・規模がまったく違うのだから、殿舎の使い方が違っていても何ら不思議ではない。大安殿にも通じる使用法にこそ、創出段階の大極殿の特質を読み取るべきではないだろうか。

大極殿の創出

飛鳥時代の王宮

中国式儀礼を採り入れた最初の王宮―小墾田宮

前章で確認した飛鳥浄御原宮《あすかきよみはらのみや》の構造は、突然造り上げられたものではなく、王宮の展開の中で形成されたものだ。ここでは、王宮の変遷を辿って、飛鳥浄御原宮の構造について理解を深めてみよう（図16）。現在のところ、もっともさかのぼって王宮構造が復元できるのは、推古《すいこ》天皇の小墾田宮《おはりだのみや》である。発掘調査で遺構は確認されていないが、『日本書紀』の記述から、南門―朝庭・庁（朝堂）―閤門（大門）―大殿という関係がわかる（岸一九八八）。

推古十六年（六〇八）八月十二日、隋からの使者である裴世清《はいせいせい》は、阿倍鳥臣《あべのとりのおみ》・物部依網連抱《もののべのよさみのむらじいだき》によって小墾田宮の「庭中《おおば》」に導かれ、この「庭中」で隋の皇帝からの親書を持って再拝し、使いの旨を言上した。すると、阿倍鳥臣が親書を受け取り、奥から迎え出た大伴嚙連《おおとものくいのむらじ》に渡すと、大伴嚙連は「大門《みかど》」の前の机上に親書を置いて奏上した。これによると、外交儀礼が行われるのは「庭中」であり、その奥に「大門」があったことがわかる。門を構えた奥の空間は塀で閉ざされていたと思われる。裴世清が再拝した対象は「大門」の奥にいる推古だろう。

また、推古十八年（六一〇）十月九日に、新羅《しらぎ》と任那《みまな》からの使者を小墾田宮に招いた時、新羅使は秦造河勝《はたのみやつこかわかつ》・土部連菟《はじのむらじうさぎ》に、任那使は間人連鹽蓋《はしひとのむらじしおふた》・阿閉臣大籠《あべのおみおおこ》にそれぞれ導かれ、「南門《みなみのみかど》」から入って「庭中」に立った。大伴咋《おおとものくい》連・蘇我豊浦蝦夷臣《そがのとゆらのえみし》・坂本糠手《さかもとのあらて》臣・阿倍鳥子《あべのとりこ》臣は「位《くらい》」から起ち進んで「庭《おおば》」に伏せる。両国の使者が再拝し、使いの旨を奏上すると、四人の大夫《まえつきみ》は起ち進んで大臣に伝えた。大臣は「位」から起ち、「庁《まつりごとどの》」の前でこれを聴いた。これによると、「南門」を入ると儀礼の場である「庭中（庭）」があり、そこには、大夫が坐立する所定の場所「位」があった。四人の大夫は、位から「起ちて、進みて」庭に伏し、同じように「起ち進みて」使者の奏上を大臣に取り次いでいて、「大門」を通った様子はない。大臣も位から庁の前に立つとあるだけで「大門」を越えてはいないから、「庭中」に「庁」が存在したと考えられる。

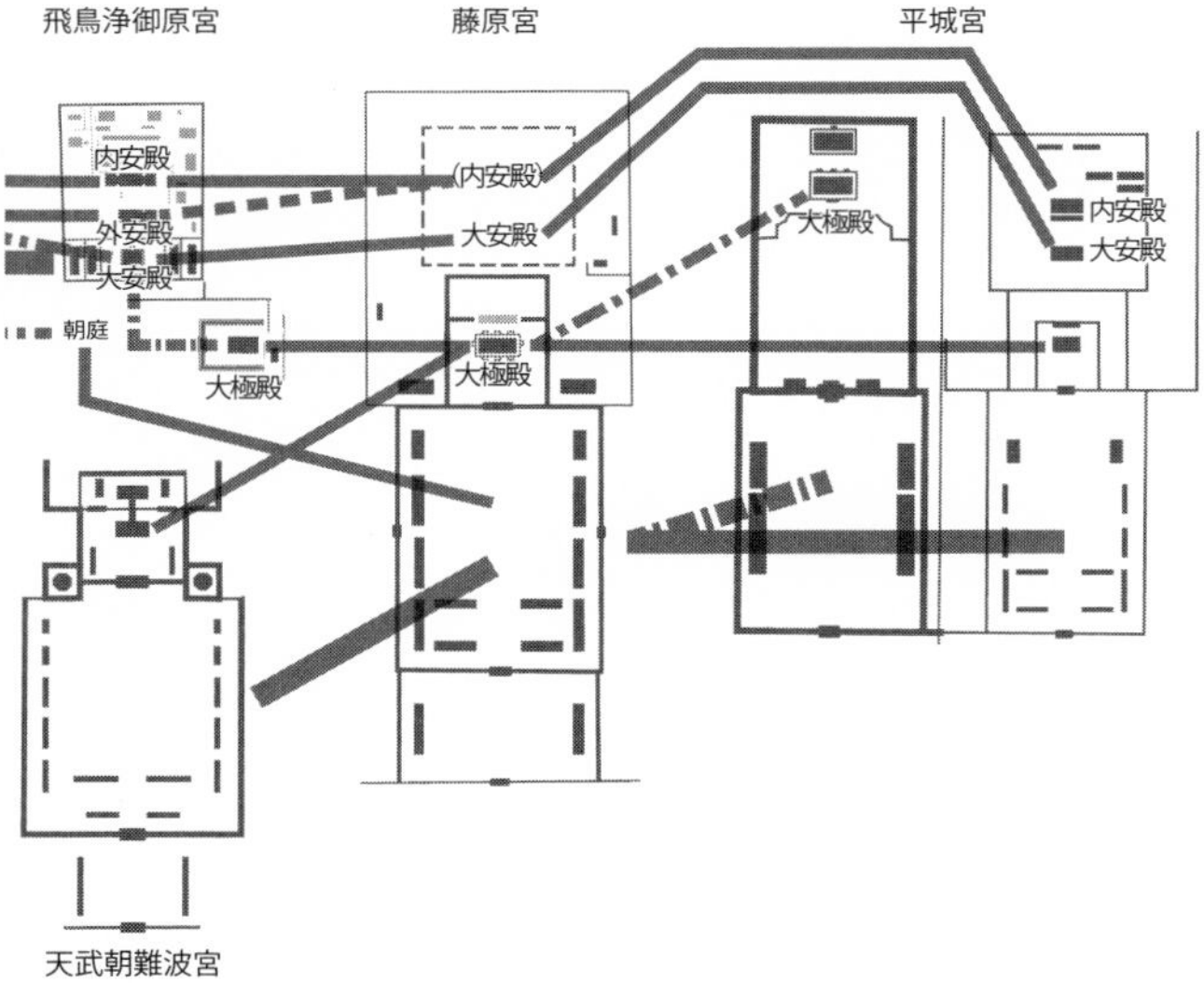

図16　王宮中枢部の継承関係

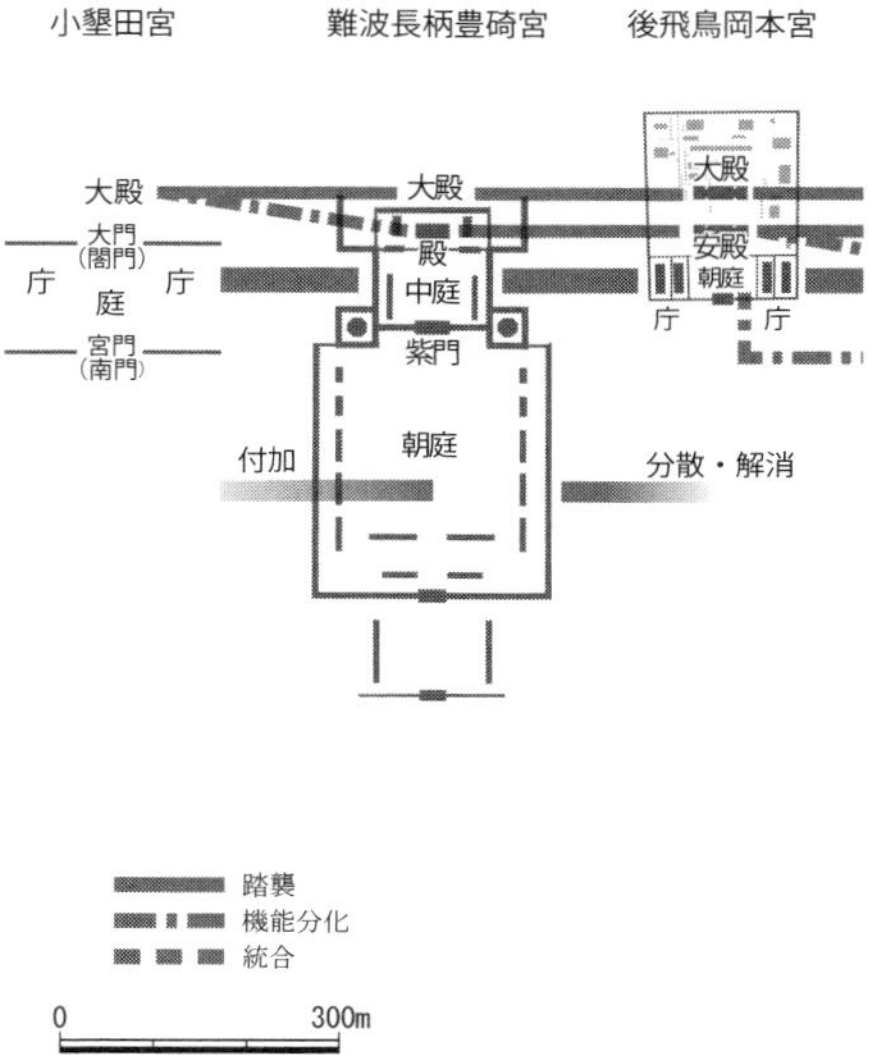

それから、舒明《じょめい》即位前紀には、病床に臥した推古のもとに山背大兄《やましろのおおえ》王が参上した様子を次のように記す。「吾、天皇、臥病《みやまい》したまふと聞《うけたまわ》りて、馳上《もうのぼ》りて門下《みかきもと》に侍《はべ》りき。時に中臣《なかとみの》連《むらじ》弥気《みけ》、禁省《みやのうち》より出でて曰さく、『天皇の命《おおみこと》を以て喚《め》す』とまうす。則ち参《もう》進《すす》みて閤門《うちつみかど》に向《もう》づ。亦栗隈采女黒女《またくるくまのうねめくろめ》、庭中に迎《むか》へて、大殿《おおとの》に引て入る」。これによると、「門下」すなわち南門の奥に「閤門」があり、その奥に「大殿」があることがわかる。位置関係からして、「閤門」は先にみた「大門」にあたる。また、「門下」で待つ山背大兄を

中臣連弥気が迎え、「閤門」を入る時には粟隈采女黒女が迎えているように、門を通るときには必ずその内側にいる導者によって引き入れられており、たとえ山背大兄であっても自由な出入りは許されていない。この点からも、推古十八年の儀礼のなかで大夫らが「大門」を通ったとは考えにくい。

このように、小墾田宮は、南門―庭・庁―大門（閤門）―大殿という構造であり、天皇の居住する大殿のある空間と、儀礼が行われる庭および庁のある空間で構成されている。ただし、推古の居る空間は閉ざされていて、外交儀礼にも天皇は姿を現さない。人々は、まるで神社の参拝のように、庭から塀越しに大殿をみて、天皇に対して拝礼する。塀から奥は「大王の空間」だ。庭で儀礼を取り仕切るのは大臣や大夫であり、庭と庁からなる空間はかれらが侍候《じこう》する「群臣《まえつきみ》の空間」だ。小墾田宮は機能空間として、「大王の空間」と「群臣の空間」を備えるものであり、この構造が王宮の基本構造であったようだ。

王宮の基本構造

群臣とは、有力氏族のことであり、群臣は、大王の諮問を受けて合議し、王権としての意思を確認し統一を図る役割を担っていた。恒常的に合議にかかわった群臣としては、蘇我・大伴・物部・阿倍・中臣・平群・巨勢・紀の八氏族が想定されている（佐藤二〇一六）。

用明二年（五八七）四月丙午（二日）条には、病にかかった用明が仏教への帰依を群臣に諮った際の記事がある。宮に入った用明は詔《みことのり》によって侍候する群臣らに諮問しており、その詔を受けてから群臣らは「内裏」に「入朝」して合議した。この「内裏」が大王の空間である。群臣らは、詔を受けて初めて内裏に入朝していることから、内裏とは別の空間に侍候していたことがわかる。やはり、用明の池辺双槻宮《いけべのなみつきのみや》も大王の空間と群臣の侍候空間を備えた構造だと理解できる。

推古十一年（六〇三）十月、推古は小墾田宮に遷るが、同年十二月に冠位《かんい》十二階《かい》を施行し、翌年（六〇四）には朝礼をあらためるなど、矢継ぎ早に新秩序を導入し、中国風の作法を採用した。また、外交儀礼においても王宮内に初めて外交使節を招き入れて国書や信物の受納が行われるなど（田島一九八六）、小墾田宮は、中国式の儀礼が行われるようになった最初の王宮であった。そのため、王宮の構造も中国都城の影響を強く受けていると想定する意見もあるが、小墾田宮は、従来の王宮の基本的な構造を継承したものと考えてよいだろう。

乙巳の変の舞台
——飛鳥板蓋宮

飛鳥板蓋宮《あすかいたぶきのみや》は皇極《こうぎょく》天皇の宮である。皇極四年（六四五）六月には、あまりにも酷い蘇我氏の専横を食い止めるために、中大兄皇子が、中臣鎌足らとともに蘇我入鹿を殺害した乙巳《いっし》の変の舞台となった。いわゆる大化改新の端緒となった王宮であり、天皇を中心とする国家づくりが始まる起点となった。斉明《さいめい》元年（六五五）に、難波から飛鳥に戻って重祚した斉明天皇の宮であったが、その年の冬に火災にあい、以後、歴史の舞台となることはなかった。

飛鳥板蓋宮は飛鳥宮跡Ⅱ期遺構だと考えられている。Ⅰ期遺構は、造営軸が北で西に振れていたが、Ⅱ期遺構では正方位を向くようになる。中枢部を囲むと想定される塀が検出されているが、構造はよくわかっていない。

『日本書紀』皇極四年（六四五）六月戊申（十二日）条の乙巳の変の記事によると、皇極天皇は「大極殿」にお出ましになり、蘇我入鹿は宮に入って「座《しきい》」に着いた。蘇我倉山田麻呂が三韓《みつのからひと》の表文《ふみ》を読みあげ始めると、「十二の通門《みかど》」は固く閉じられ、中大兄は自ら長い槍を執って「殿《との》の側《かたわら》」に隠れた。剣で斬りかかるはずの佐伯連《さえきのむらじ》子麻呂《こまろ》らが怖気づいて動けないのを見た中大兄は「咄嗟《やあ》」と叫び、子麻呂らと共に入鹿を斬りつけた。驚く皇極に対し、中大兄は「地《つち》に伏して」、「鞍作《くらつくり》、天宗《きみたち》を盡《つく》し滅《ほろぼ》して、日位《ひつぎのくらい》を傾けむとす。

豈天孫を以て鞍作に代へむや」と奏上した。鞍作は入鹿のこと。皇極は起って「殿《との》の中《うち》」に入られた。この日は、庭に雨水が溢れ流れるほどの大雨だったので、席障子《むしろしとみ》で入鹿の屍を覆ったという。

皇極が出御した「大極殿」は文飾とみられているが、この殿舎が「大極殿」と表現されたのは、三韓（高句麗・百済・新羅）の表文を奏上する舞台となるような、公的な性格の強い殿舎だったからだろう。この「大極殿」の他にも、皇極が引きこもった「殿中」の存在がうかがえることから、内裏空間の中で、私的殿舎「大殿」と公的殿舎という機能分化が進んでいる可能性は高い。

この記事からは、入鹿の座が「大極殿」内なのか大門にあたる門の内側の庭にあるのかまではわからない。ただ、中大兄皇子が「殿の側」に隠れていることや、入鹿を斬ったのちに「地に伏して」奏したこと、入鹿の屍が大雨に打たれていることなどから、入鹿の座は「大極殿」前の庭にあったと思われる。

また、皇極二年（六四三）十月己酉（三日）条に、「群臣・伴造に朝堂の庭に饗たまひ賜ふ。而して位を授けたまふ事を議る」とあって、飛鳥板蓋宮にも群臣が集議する朝堂の「庭」があることがわかる。したがって、大殿の機能分化はうかがえるものの、飛鳥板蓋宮の基本構造は小墾田宮を継承したものと考えられる。

巨大な王宮の出現
―難波長柄豊碕宮

蘇我本宗家が滅亡した乙巳の変の二日後の六月十四日、皇極の譲位を受けた弟の軽皇子《かるのみこ》は壇《たかみくら》に上って即位した。孝徳《こうとく》天皇である。譲位した皇極は皇祖母尊《すめみおやのみこと》と呼ばれた。壇の右には大伴長徳連《おおとものながとこのむらじ》が、左には犬上健部君《いぬかみのたけべのきみ》が、それぞれ矢を入れた金の靫《ゆぎ》を背負って立つ。臣・連・国造・伴造・百八十部《ももあまりやそとものを》は列になって壇のまわりを廻り、拝礼した。天皇譲位は初めてのことで異例中の異例であり、即位は乙巳の変からわずか二日後。遷都の記事もみえないので、即位した孝徳は自身の宮ではなく飛鳥板蓋宮を利用したのかもしれない。そして、その年（六四五）の十二月癸卯（九日）に難波長柄豊碕《なにわながらとよさき》への遷都を宣言した。ただ、孝徳が新宮に遷るのは白雉二年（六五一）十二月晦のことで、それまでは子代離宮《こしろのかりみや》、蝦蟇行宮《かわずのかりみや》、大郡《おおごおり》などを転々としている。この新宮を難波長柄豊碕宮という。

この難波長柄豊碕宮と考えられているのが、大阪市中央区法円坂《ほうえんざか》にある上町台地の先端に位置する前期難波宮《なにわのみや》である（図17）。中央の区画には、北に内裏、南に一四棟以上の庁を左右対称に配置する広大な朝堂がある。朝堂は、東西二三三・四メートル、南北二六三・二メートルであり、一四棟もの庁は中国や朝鮮半島にも例がない。中央区画の東側と西側の区画には、

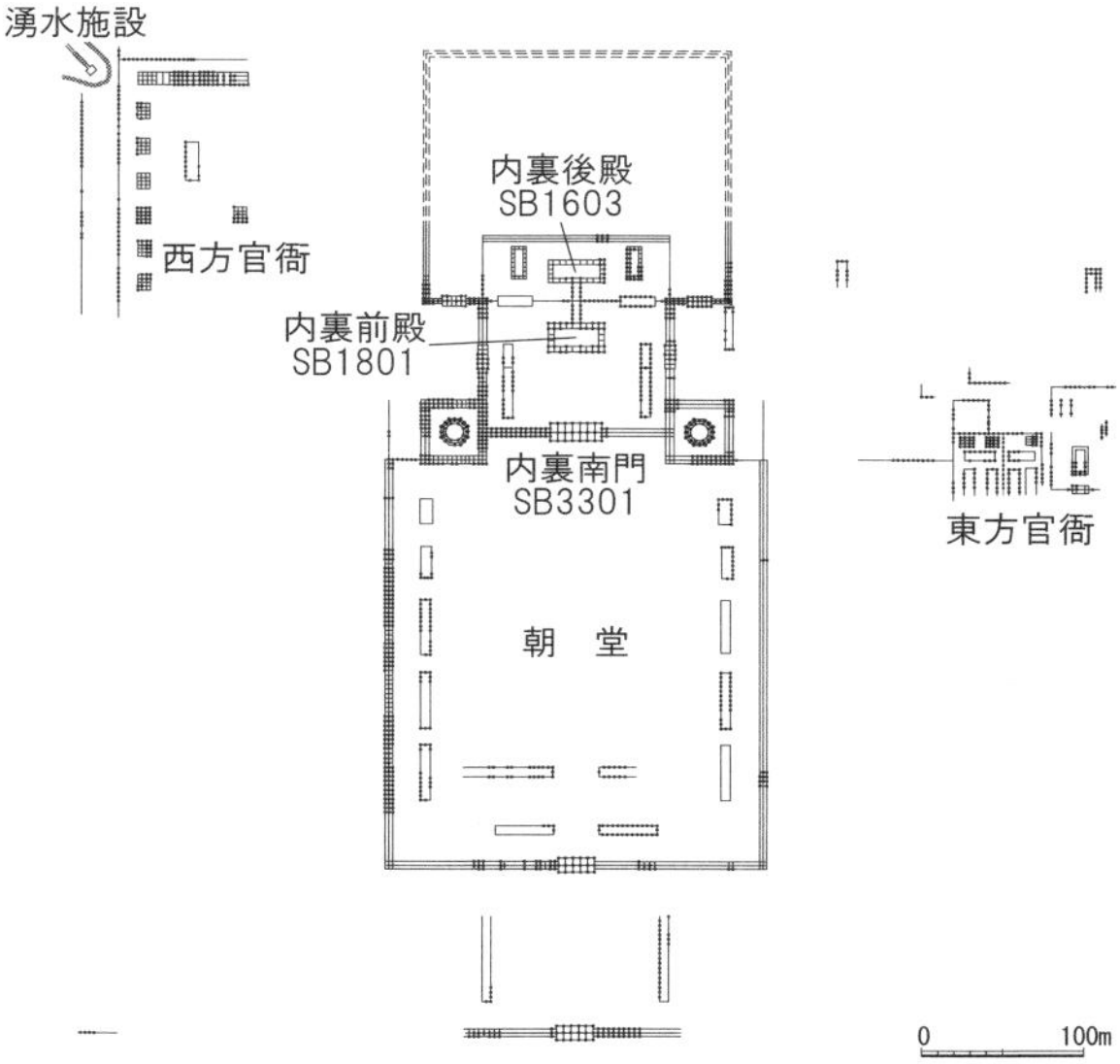

図17　前期難波宮

それぞれ官衙が配置されている。いずれも掘立柱建物で、屋根は瓦葺きではない。内裏の周辺からは、白土を丁寧に塗った壁土が出土しており、東方官衙の東の谷には、火災にあった壁土が多量に投棄されていた。重要な建物の壁は白い壁土だったのだろう。

朝堂の北正面には、東西七間、南北二間という古代王宮でも最大級の内裏南門が開く。南門を入ると、広場の奥に東西九間（三六・六メートル）、南北五間（一八・八メートル）の内裏前殿があり、内裏前殿の東西には脇殿が配置される。内裏前殿は藤原宮《ふじわらきゅう》の大極殿の位置にあり、宮全体の正殿といえる規模と配置になっている。内裏前殿の背面からは軒廊《こんろう》が北へ延び、東西塀で仕切られた奥の空間へと続く。軒廊の先には東西九間（三四・四メートル）、南北五間（一四・六メートル）の内裏後殿がある。やはり、東西に脇殿を置く。

『日本書紀』白雉三年（六五二）九月条に、「宮造ること已《すで》に訖《おわ》りぬ。其の宮殿《おおとの》の状《かたち》、殫《ことごとく》に論《い》ふべからず」とあるように、難波長柄豊碕宮の規模・構造は、言葉では言い表せないほど、画期的なものだったのだ。そのなかでも特徴的なのが広大な朝堂であり、おそらく、王宮の歴史のなかで最初に創出されたものだ。広大な朝堂は、百官が集まって列立するための場であり、孝徳朝に始まった元日朝賀の舞台として重要な位置づけであった（西本二〇〇八）。

なお、庁が建ち並ぶ広大な朝堂については、同じような建物配置がみられる大韓民国慶《けい》尚《しょう》北道《ほくどう》慶州《けいしゅう》市《し》の史跡慶州東部史跡地帯にある鶏林北辺建物群（皇南洞大型建物跡）を例にあげて、新羅に源流を求める見解がある（坂上二〇一四）。だが、これらの建物の下からは、八世紀初め頃の印花文《いんかもん》を施文した陶質土器の椀が出土していて、難波長柄豊碕宮よりも半世紀は新しい時期の建物群であることは間違いない。だから、鶏林北辺建物群が難波長柄豊碕宮の祖型になることはあり得ない。また、新羅の王宮が置かれた月城《げつじょう》内部でも、朝堂のような建物配置は確認されておらず、日本の朝堂につながるような王宮構造は今のところない。広大な朝堂は、日本で創出された可能性が高い。

基本構造の王宮へ—後飛鳥岡本宮

孝徳が難波長柄豊碕宮に遷ってから一年余り経った白雉四年（六五三）、中大兄皇子は孝徳の許可を得ないまま、皇祖母尊・間人《はしひと》皇后・大海人《おおあま》皇子をはじめ、百官ら皆を率いて飛鳥に還った。白雉五年（六五四）十月に失意のなかで孝徳が崩御すると、翌年（六五五）の正月甲戌（三日）に、皇祖母尊は飛鳥板蓋宮で再び即位した。斉明天皇である。斉明は、同年十月に小墾田に瓦葺きの王宮を造ろうとしたが失敗し、冬には飛鳥板蓋宮が火災にあったため、翌斉明二年（六五六）に飛鳥の岡本に王宮を造営した。これを後飛鳥岡本宮《のちのあすかおかもとのみや》という。『日本書紀』は、小墾田での王宮造営が失敗した理由を、宮殿建築用の材木の多くが朽ち爛《ただ》れたためとするが、翌年には後飛鳥岡本宮や両槻宮を造営しているので、それが原因だったとは考えにくい。おそらく、それまでの王宮とは異なる瓦葺きにすることが問題視されたのだろう。王宮に瓦葺き建物が導入されたのは藤原宮からだ。飛鳥寺に始まる瓦葺きの寺院建築の導入に遅れること、およそ一世紀。それも儀式・儀礼の空間や役所に限られるもので、内裏が本瓦葺になることは平城宮《へいじょうきゅう》以降もなかった。内裏空間はどこまでも保守的なのだ。

後飛鳥岡本宮は飛鳥宮跡Ⅲ—a期にあたる。内郭を中心とするものであり、基本的な構造は前章で述べた飛鳥浄御原宮と同じである。大きな違いは、内郭前殿が存在しないことであり、南門を入ると、塀で囲まれた「庭（朝庭）」だけが広がっている。その東西には塀を挟んで南北棟建物が並立する。そして、「庭（朝庭）」の北奥の、三重の東西塀で閉じられた空間は「安殿」と「大殿」が並立する天皇の私的空間である。

この構造は、先述した小墾田宮の構造と同じだ。すなわち、庭（朝庭）と並列する南北棟建物「庁」のある南区画が「群臣の空間」であり、「安殿」と「大殿」のある北区画が「大王の空間」である。後飛鳥岡本宮は、小墾田宮の基本構造を踏襲したシンプルな王宮だ。南門の前面には、石組溝ＳＤ八九三二で区切られるまでの南北約一〇〇メートル《メートル》もの「南庭」が広がるが、難波長柄豊碕宮で創出された広大な朝堂はない。

北区画の正殿のうち、より奥まった北側の「大殿」がもっとも私的な殿舎であるのに対し、南側の「安殿」は、私的空間の中でもより公的機能をもった殿舎だと考えられる。「安殿」ＳＢ〇三〇一は東西八間なので、中央に天皇の座を置くことができない。そのため、参列者を意識した儀式を考える場合には、天皇が出御する構造としてふさわしくはないが、小墾田宮でみたように、飛鳥時代においては王宮内の儀式で天皇が庭の参列者と直接対面することはないため、天皇の座をあえて殿舎中央に設ける必要はない。小墾田宮の段階では、大殿が私的機能とともに公的機能も果たしたと考えられるので、機能分化した公的殿舎の安殿が大殿と同じ構造であっても不思議ではない。

白村江の戦い

七世紀前半から中頃にかけて、唐の介在によって朝鮮半島における三国抗争は激化した。唐と国境を接する高句麗は、隋の時代から直接的に征討の対象とされたが、よく凌いでいた。新羅は高句麗・百済からの度重なる侵攻を受けて唐に助けを求め、唐の信頼を得るために王子金春秋《きんしゅんじゅう》を質として入唐させ、唐の衣冠や年号などを積極的に導入した。百済は、唐からの新羅との和解指示を無視して高句麗とともに新羅への侵攻を続けていたため、唐による征討の対象となっていく。

この間、日本には高句麗・新羅・百済から使者がやってきている。三国抗争が激化する孝徳朝には特に多く、或本によれば、三国からは毎年来朝したという。なかでも新羅は積極的な外交を展開しており、大化三年（六四七）には、新羅王子の金春秋が来日し、新羅使の高向黒麻呂《たかむこのくろまろ》と中臣連押熊《なかとみのむらじおしくま》を送るとともに孔雀と鸚鵡を献上し、質となって留まっている。金春秋は、百済に敗れた六四二年に高句麗に入り、高句麗の援助を受けて百済に対抗しようと企図したが捉えられ、失敗している。日本では外交的な成果を上げることはなかったが、翌六四八年には、息子の金文王とともに入唐して唐との関係強化を図った。真徳女王が亡くなった六五四年には王位（武烈王）に就いている。

日本は朝鮮半島情勢をどれほど把握していたのかはわからないが、明確な行動をとった形跡がない。しかし、斉明六年（六六〇）に到って大きな決断をする。同年九月に来朝した百済の使者は、金春秋率いる新羅軍と蘇定方《そていほう》率いる唐軍による挟み撃ちによって、百済の王都である泗沘《しひ》城が一時陥落したこと、これに対して鬼室福信《きしつふくしん》・余自進《よじしん》ら百済遺臣が泗沘城を奪回したことを告げた。さらに、同年十月には、鬼室福信と貴智《きち》が唐の捕虜百人余りを連れてきて救援軍の派遣を要請するとともに、舒明三年（六三一）に質として来日していた王子余豊璋《よほうしよう》を国王として迎えるため、送還を求めてきた。この時、百済王の義慈《ぎじ》は、妻子、群臣ら五〇人余りとともに捉えられ、唐に送られていたのだ。

この要請を受けた斉明は百済救援軍の派遣を決断する。天皇自ら筑紫に赴いて派兵の陣頭指揮をとることとし、同年十二月には難波宮に行幸して軍器の調達に取り掛かった。斉明は斉明七年（六六一）正月六日に難波を出港し、三月二十五日に現在の福岡市博多である那大津《なのおおつ》（長津）に到り、磐瀬仮宮《いわせのかりのみや》を経て、五月九日には朝倉橘廣庭宮《あさくらのたちばなのひろにわのみや》（現在の福岡県朝倉市）に遷っている。

だが、七月二十四日に斉明は朝倉宮で崩御してしまう。流行り病だったのだろうか、大舎人及び諸の近侍が病気にかかり、死んだものも多く出たという。朝倉橘廣庭宮の造営にあたっては、朝倉社の木を伐採したために神の怒りを買い、宮が壊れて火災にあったようだ。斉明崩御後は中大兄が称制（即位せず、臨時に政務を行うこと）し、救援軍の指揮を執った。八月には、中大兄は斉明の喪儀のために磐瀬宮（長津宮）に移り、そこで救援軍を派遣した。九月に、織冠を豊璋に授け、五千余りの兵に護衛させて百済に送り出すと、十月七日、斉明の殯《もがり》儀礼を行うため飛鳥に向けて出港した。殯は、十一月七日に飛鳥の川原で行われた。飛鳥時代の殯は、推古が小墾田宮の南庭、舒明が百済宮の北、孝徳が難波長柄豊碕宮の南庭、天武が飛鳥浄御原宮の南庭というように、王宮の傍で行われているから、斉明の殯が行われた飛鳥の川原は、斉明が後飛鳥岡本宮を造営する前年に遷った飛鳥川原宮の隣接地であろう。

天智二年（六六三）三月には二万七千人もの軍を派遣し、八月二十七日、白村江《はくそんこう》で軍船一七〇艘による陣列を敷く唐軍とついに対戦した。この日は一旦退き、翌日再び戦いに臨んだが、「我等先を争はば、彼自づからに退くべし」という日本の将軍と百済王の無謀な言葉にあるように、何の軍事作戦もなく、ただ正面から突っ込んだのだろう。にわか編成の軍隊では致し方ないのかもしれないが、日本の軍船は唐の軍船に左右から挟まれ、成すすべなく惨敗を喫した。

敗戦の衝撃と侵攻に対する危機感はとても大きかったとみられ、翌天智三年（六六四）には、対馬・壱岐島・筑紫国等に、防備にあたる兵士である防人と、火や煙で遠方と緊急連絡をとる装置である烽火《とぶひ》を設置して唐と新羅の侵攻に備え、最前線となる筑紫には水城《みずき》を築造している。また、同年八月には、長門国の城と、筑紫国の大野城、基肄城《きいじょう》を築造し、天智六年（六六七）十一月には大和国の高安城、讃岐国の屋島城、対馬国の金田城を築造して、北部九州から瀬戸内、畿内に到るルートの防備強化を図っている。近江への遷都はこういった歴史的背景のもとに行われた。

皆が困惑した近江遷都―近江大津宮

天智六年（六六七）三月、都は大和を離れて近江に遷った。後飛鳥岡本宮に次ぐ王宮の近江大津宮《おうみおおつのみや》である。中大兄皇子は翌七年正月に天智天皇《てんじ》として即位する。近江への遷都は当時の人々にとっても理解しがたかったようで、柿本人麻呂は「いかさまに　思ほしめせか」（『万葉集』一―二九）と詠い、また、『日本書紀』天智六年三月条には、「是の時に、天下の百姓、都遷すことを願はずして、諷《そ》へ諫《あざむ》く者多し。童謡《わざうた》亦衆《おお》し。日日夜夜、失火の処多し」とみえる。失火は、政治や社会への不満や反対が強いことの現れだ。『日本書紀』にみられる大津宮の殿舎には、「内裏」「濱臺」「濱楼」「大蔵」「宮門」「殿《みあらか》」「臥内《おほとの》」「大殿」「漏剋臺」「西小殿」「内裏佛殿」「内裏西殿」「大蔵省第三倉」「大炊」がある。

大津宮は、琵琶湖西岸の滋賀県大津市に所在する錦織《にしごり》遺跡と考えられており、内裏にあたる区画が確認されている（図18）。東西七間、南北二間の内裏南門には複廊が取りつくので、内裏は複廊で囲まれているようだ。内裏南門を入ると、東西約四〇《メートル》もしくは約五〇《メートル》の広場がある。中央には東西七間、南北四間で四面庇《ひさし》付きの内裏正殿があり、その北側には東西塀が取りつく建物があって、さらに北に庇付き建物が配置される。ただし、内裏正殿と南門は、特徴的な柱穴の形状から正面五間に復元すべきだという見解がある（黒崎二〇〇一）。

内裏南門の南側は、改変されたとみられる周辺の地形や、基盤となる土層の状況などを考慮して、前期難波宮のような広い朝堂院《ちようどういん》を想定し、内裏南門の南西でみつかった規模の小さな南北棟建物を朝堂院西第一堂にあてて図18のように復元されている（林二〇〇一）。だが、この朝堂院の想定に対しては、地形的に無理があり、推定される建物が見つ

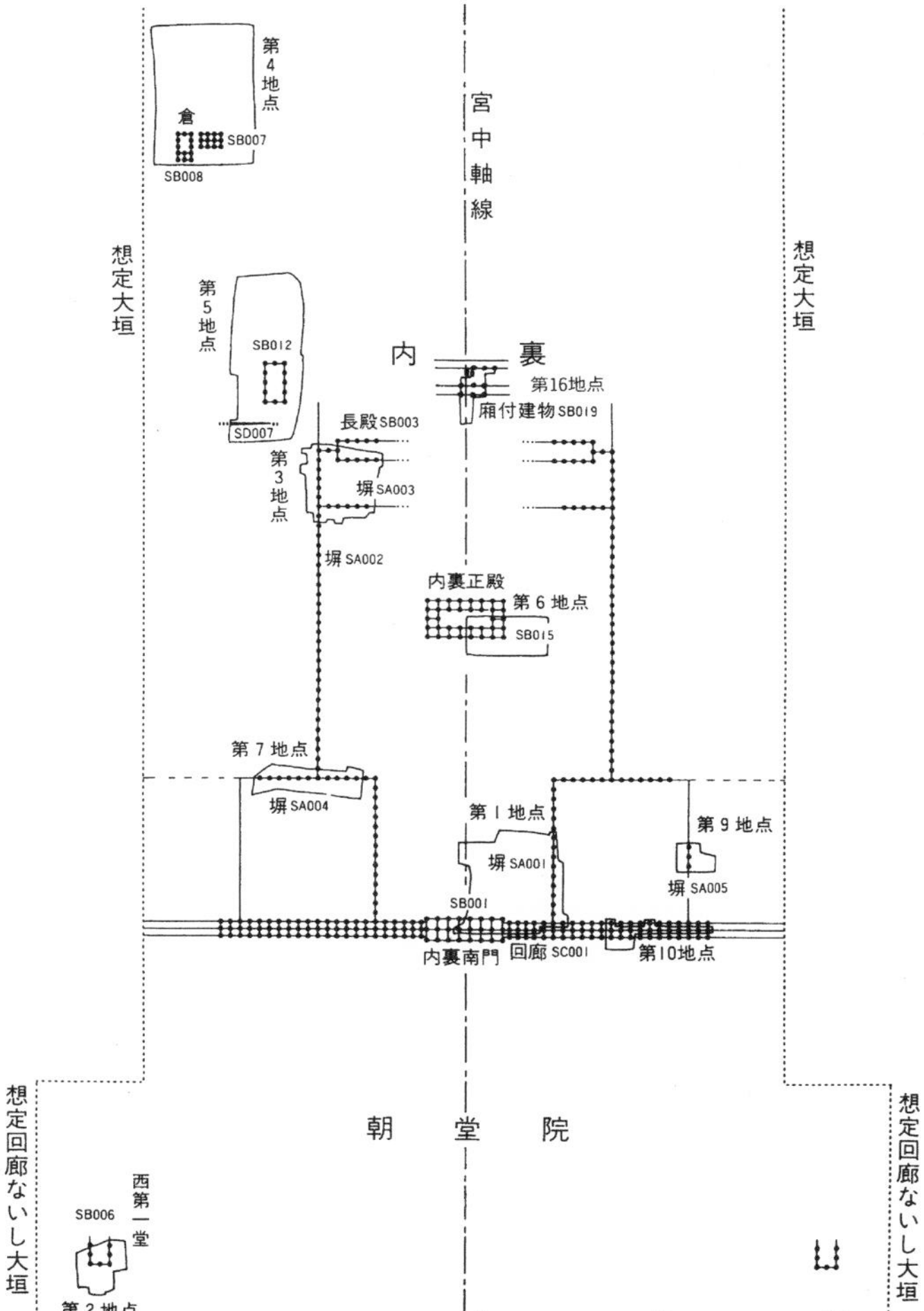

図18　近江大津宮（林博通2001）

からなかったこと、さらに、朝堂院西第一堂とされる建物は奈良時代の可能性があることなどから、疑問視されている。

内裏区画の規模と構造は、飛鳥宮跡Ⅲ期の内郭と類似していて、広大な朝堂の存在も疑わしいので、大津宮は後飛鳥岡本宮の構造を継承したものと考えられる。

壬申の乱

天智十年（六七一）十月、病に伏した天智は大海人《おおあま》を大津宮の大殿に引き入れ、譲位する意向を告げた。だが、遣いの蘇我臣安麻呂から、注意して発言するようにとの助言を得ていた大海人は、この申し入れを辞退し、出家して吉野へと退去した。当時の皇位継承のあり方からいえば、天智の弟である大海人が最有力候補となるが、天智はわが子の大友皇子への皇位継承を望んだようだ。大海人が皇位を望んでいれば、謀反の罪を懸けられて殺害されていたかもしれない。これが壬申の乱のきっかけとなった。

大海人が退去した吉野宮《よしののみや》は、吉野郡吉野町の宮滝《みやたき》遺跡だと考えられている。宮滝遺跡では、天武朝と持統朝に、それぞれ土器の食器類を多量に廃棄した園池のほか、周囲を石敷き舗装した大型掘立柱建物などが見つかっている。大型掘立柱建物は九間×五間の四面庇で、吉野宮の正殿とみられている。

天智十年（六七一）十二月の天智崩御から半年後、近江朝廷は天智陵を造るためとして、美濃と尾張の人々に武器を持たせた。陵の造営が目的ではないことは明らかだ。不穏な動きを察知した大海人は、「何ぞ黙して身を亡さむや」と挙兵を決意し、六月二十二日、村《むら》国連男依《くにのむらじおより》らを美濃国安八磨《あはちま》郡の湯沐《とうもく》に派遣して兵を集め、急ぎ不破道を塞ぐことを命じるとともに、自らも脱出することを宣言した。大海人は、伊賀、伊勢を経て、六月二十七日には美濃国不破の野上に到着し、本営を置いた。

この戦いは大海人側が勝利をおさめ、大友は七月二十三日に山前《やまさき》で自害した。八月には重罪八人を極刑とし、左大臣蘇我臣赤兄《あかえ》、大納言巨勢臣比等《ひと》らを配流するなどの戦後処理を行っている。大海人は九月八日に不破宮《ふわのみや》を出発し、十二日には倭京《やまとのみやこ》の嶋宮《しまのみや》に入り、十五日に後飛鳥岡本宮に移った。ちなみに、「倭京」という語は、孝徳朝から天武朝にかけてみられるもので、いずれも王宮が倭を離れていた時に、倭の王宮が置かれた地域を呼ぶ場合に用いられた。そして、この年に岡本宮の南に宮室を造営し、正式に遷宮を行った。この宮が飛鳥浄御原宮である。翌年（六七三）の二月二十七日、大海人は飛鳥浄御原宮に壇場《たかみくら》を設けて即位した。飛鳥浄御原宮については、前章で詳述したので、ここでは繰り返さない。

持統の即位

朱鳥元年（六八六）九月九日、天武は飛鳥浄御原宮で亡くなった。すぐに、遺体を安置する殯宮《もがりのみや》が南庭に建てられ、持統二年（六八八）十一月十一日に大内陵《おおうちのみささぎ》に埋葬されるまで、殯が行われた。殯は、埋葬までの間、遺族や近親者が殯宮に籠って儀礼を尽くし、死者を慰める行為である。

天武が埋葬された大内陵は、明日香村野口にある八角墳の野口ノ王墓古墳である。野口ノ王墓古墳は、文暦二年（一二三五）三月に盗掘にあっており、その時の調書である『阿不幾乃山陵記《あふきのさんりょうき》』によると、天武が葬られたとみられる朱塗り布張りの棺があり、金銀珠玉で飾られた枕が納められていたようだ。棺の隣には、持統の火葬骨を納めたとみられる金銅製骨蔵器が納置されていた。

天武の崩御後、有力な皇位継承者は、天武を父とする草壁皇子と大津皇子の二人である。草壁の母は皇后の鸕野讃良《うののさらら》で、大津の母はすでに亡くなっている鸕野讃良の姉太田。天武の殯が始まった直後に大津の謀反が発覚し、十月三日に大津は譯語田宮《おさだのみや》で死を賜った（死刑を宣告された）。草壁を即位させたい鸕野讃良の陰謀だろう。だが、その草壁も持統三年（六八九）四月十三日に亡くなってしまった。これを受けて、翌年（六九〇）正月朔、鸕野讃良は天皇として即位した。持統天皇である。

この日、物部麻呂朝臣《もののべのまろあそん》が大盾《たて》を樹て、中臣大嶋朝臣《なかとみのおおしま》が天神壽詞《あまつかみのよごと》を読み上げた。壽詞の奏上が終わると、忌部宿祢色夫知《いんべのすくねしこぶち》が神璽《かみのしるし》の剣と鏡を鸕野讃良に奉上した。これで初めて天皇として即位したことになる。公卿百寮は列になって周りを廻り、拝礼してから手を拍《う》った。拍手のことは見えないが、百官が列になって周りを廻って拝礼することは、孝徳の即位でも行われている。この「羅列匝拝」は、律令制以前の登壇即位で行われていた日本固有の儀礼であり（熊谷二〇〇二）、天武も壇場を設けて即位している。持統の即位記事に場所のことは見えないが、飛鳥浄御原宮の大極殿で行われたと考えられている。

条坊制都城の出現—藤原宮

持統八年（六九四）十二月六日、持統は藤原宮に遷った。藤原宮は、東の香具山《かぐ》・北の耳成山《みみなし》・西の畝傍山《うねび》という大和三山に囲まれ、東西九二五メートル、南北九〇六メートルという大きな方形区画である。藤原宮の周囲には、東西・南北に直線道路が走っており、約五・三キロ四方の条坊《じょうぼう》と呼ぶ方形街区を形成している。いわゆる藤原京だ（図19）。条坊は十条十坊に設計されたと考えられ、藤原宮はその条坊の中央に位置する（図20）。日本で最初の条坊制都城である。ちなみに、藤原京という語は史料には見られないもので、明治時代に歴史学者の喜田貞吉《きたさだきち》が使用し始めた学術用語である。『日本書紀』では、藤原宮が置かれた京域を「新益京《しんやくのみやこ》」と呼んでいる。

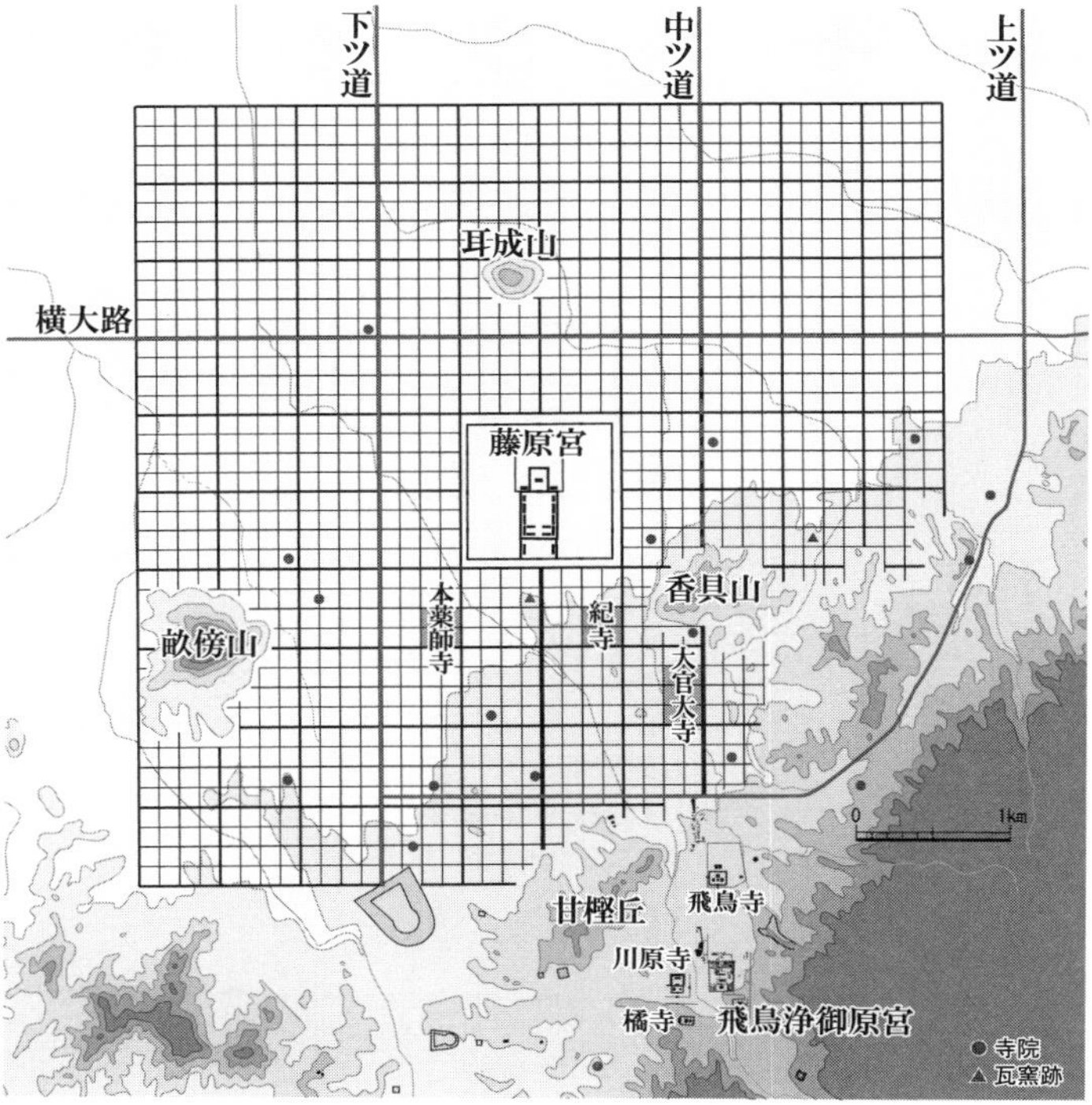
下ツ道
中ツ道
上ツ道
耳成山
横大路
藤原宮
香具山
本薬師寺
紀寺
畝傍山
大官大寺
0
1km
甘樫丘
飛鳥寺
川原寺
橘寺
飛鳥浄御原宮
● 寺院
▲ 瓦窯跡

図19　藤原京復元図

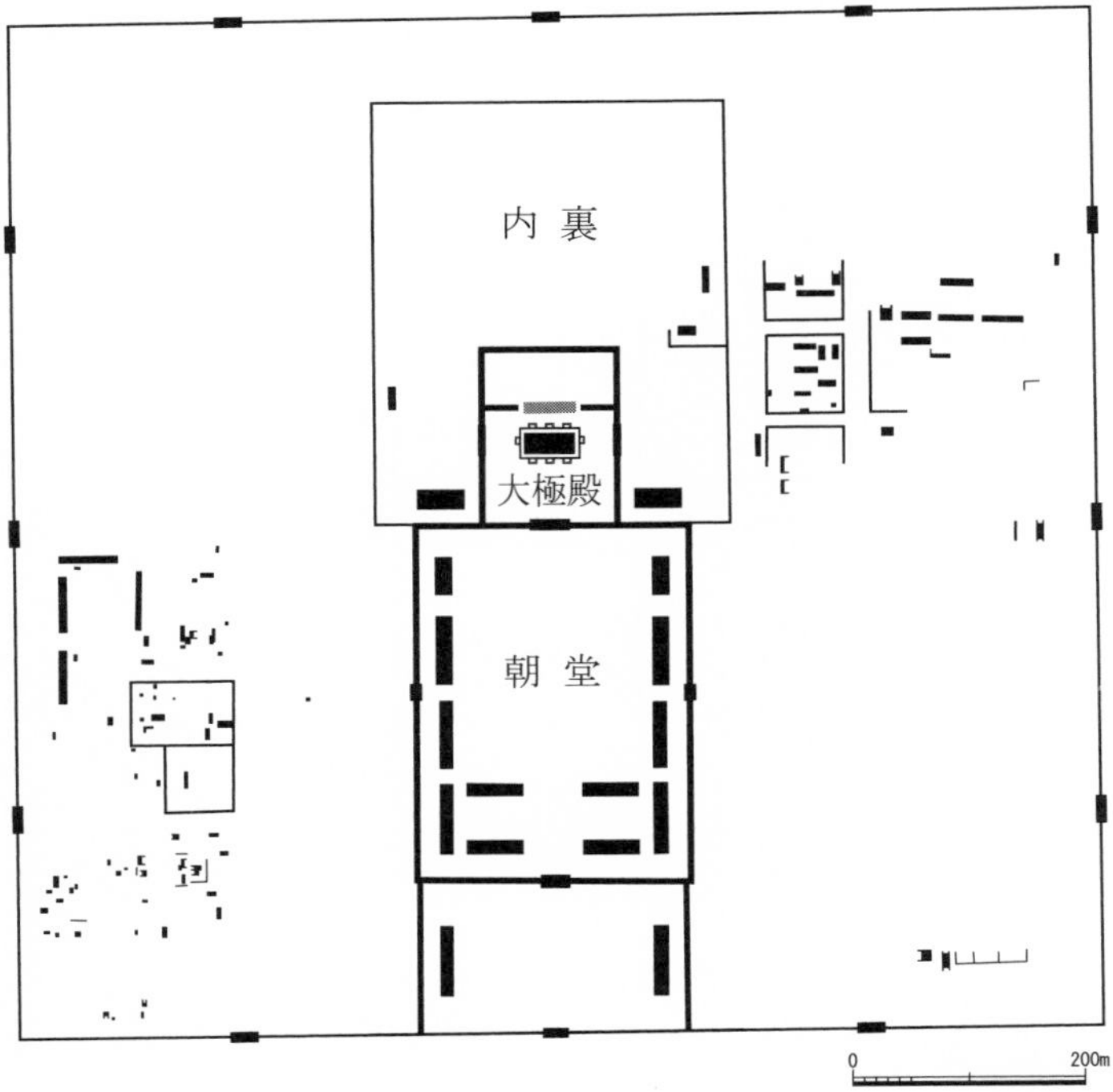

図20　藤　原　宮

藤原宮を囲む瓦葺の大垣には、各面に三か所ずつ門が開く。南面中門が藤原宮の正面玄関にあたり、その北に、朝堂院、大極殿院、内裏が置かれた。南面中門を入ると、中央の広場を挟んで東西に細長い南北棟の朝集殿が建ち、その奥に、回廊で囲まれた広大な朝堂院がある。朝堂院は、東西二三五・八メートル、南北三二一・三メートル。東西五間、南北二間の南門を入ると、中央に大きな空間を設けて、一二棟の朝堂が東西に六棟ずつ、左右対称に建ち並ぶ。いずれも礎石建ちの瓦葺建物だ。この異様な空間を通り抜けた先に、東西七間（約三五メートル）、南北二間（約一〇メートル）の巨大な大極殿院南門が建つ。藤原宮最大の門だ。大極殿院南門の南前方では、幢幡《どうばん》を立てたとみられる柱穴が中央に一つと、その左右に三角形を描くように三つずつ、合計七基見つかっている。

大極殿院は、東西約一一七メートル、南北約一五八メートルの複廊の回廊が廻る独立した方形区画で、そのほぼ中央に大極殿が置かれた。大極殿院の各面には門が開き、東・西門は、南北七間（約二八メートル）で、奥行きは回廊と同じ二間（約六メートル）。北門も回廊と同じ奥行きで、東西一間（四・七メートル）と見られている（図21）。

大極殿は、日本古文化研究所による戦前の発掘調査で、礎石の下に据えられた根石を根拠に東西七間、南北四間と復元された。だが、その後の調査で、朱雀大路の路面芯と建物

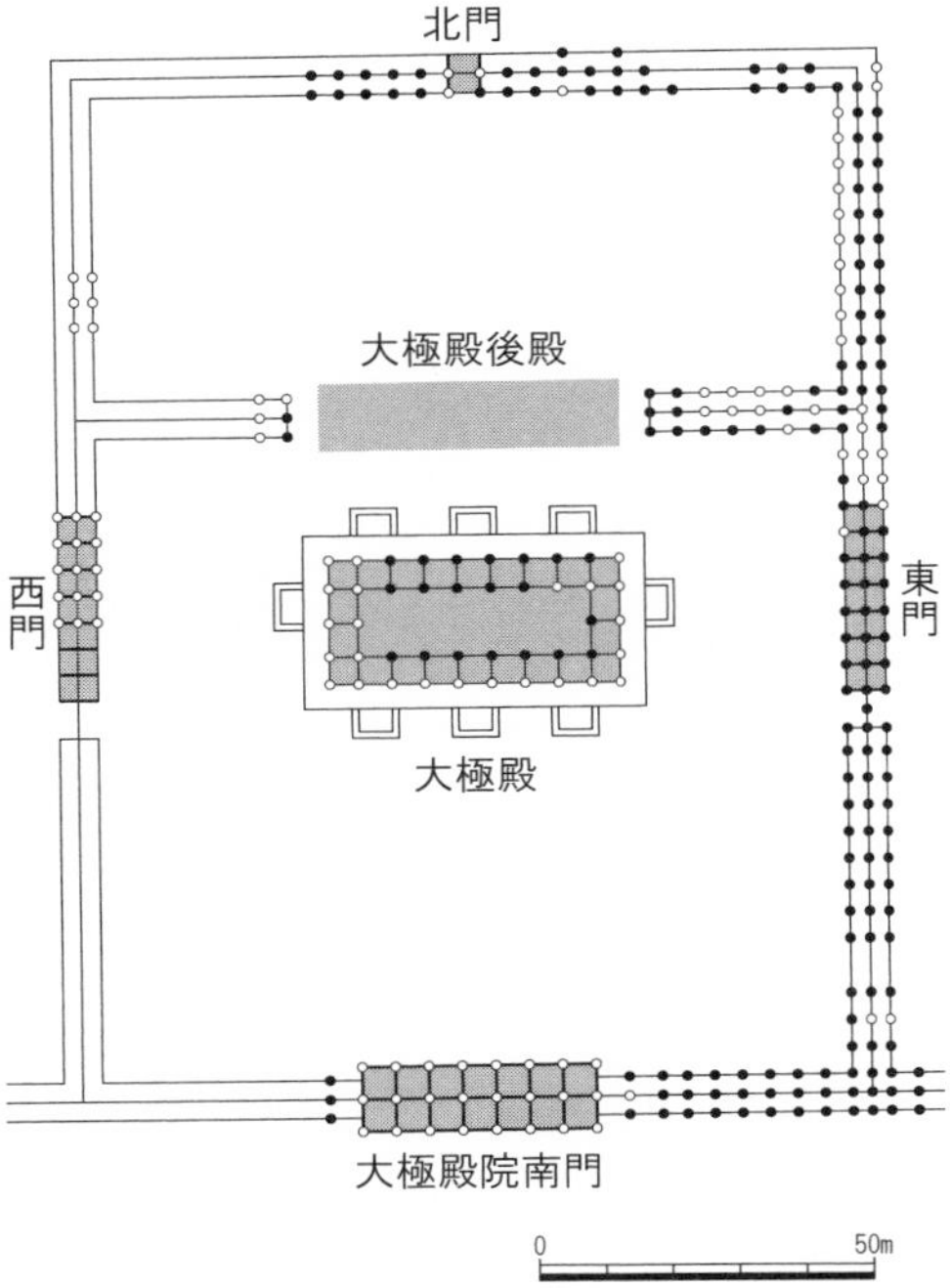

図21　藤原宮大極殿院

の中心が一間分ずれることや階段痕跡が確認されたことから、東西九間であることが確実となった。大極殿は、東西九間（四四メートル）、南北四間（一九・五メートル）の瓦葺建物で、最高級の基壇形式である壇正積《だんじょうづみ》基壇の礎石上に建つ。階段は、基壇の正面と背面にそれぞれ三か所、東西面に各一か所取りつく。

大極殿院の近年の調査（飛鳥藤原第二〇〇・二〇八・二一〇次）では、大極殿よりも約二一《メートル》北側で、東西の回廊から内側に伸びる回廊が新たに見つかった。東西七間（約二八《メートル》）の複廊で、大極殿の後ろまでは届かない。これらの回廊に挟まれた部分には基壇跡が確認されており、大極殿後殿跡だとみられている。

大極殿院の後方には内裏があるが、内裏中心部にあたる場所には、後世に醍醐池が造られていて、遺構は削平されている可能性が高く、構造はわかっていない。史料にみられる大安殿と、史料には見えないが、おそらく内安殿もこの醍醐池付近にあったと思われる。

異彩を放つ難波宮

藤原宮と瓜二つ

藤原宮は、王宮として礎石建ち瓦葺建物を初めて採用した。それまでの王宮が、板葺や檜皮葺《ひわだ》といった掘立柱建物であったのと比べると、王宮の巨大さだけではなく、見た目の印象もまったく新しい王宮の誕生だ。だが、王宮構造自体は新しいデザインではなく、原形が存在した。難波長柄豊碕宮（前期難波宮）である。複数の長殿が、左右対称に規則正しく配置された広大な朝堂院と、その北端に位置する大極殿院のあり方、そして、大極殿院南門にあたる門が王宮内で最大になることなど、まるで瓜二つだ。見た目だけではなく、藤原宮の大極殿院と朝堂院の幅は、前期難波宮の内裏相当区画と朝堂の幅にほぼ一致し、新たに見つかった藤原宮の大極殿後方東・西回廊も、前期難波宮の構造と類似することが確かめられており、実寸においても、一致するところがある。これらの状況から、藤原宮は前期難波宮の構造をもとに設計されたと考えられる。

前期難波宮の規模と構造は藤原宮とよく似ているため、孝徳朝の王宮ではなく、天武朝の難波宮として造営されたものと考える意見もある。『日本書紀』天武十二年（六八三）十二月庚午（十七日）条には、「凡そ都城《みやこ》・宮室《おおみや》、一処に非ず、必ず両参造らむ。故、先づ難波に都つくらむと欲ふ」とある。確かに、前期難波宮の調査では、『日本書紀』朱鳥元年（六八六）正月乙卯（十四日）条にみられる、難波宮の宮室がひどく火災にあったという記述と合致する火災の痕跡も確認されているし、天武朝の改築も確認できるので、天武朝の難波宮であったことは確かだ。しかし、前期難波宮の北西にある谷からは、大化四年（六四八）にあたる「戊申年」と書かれた木簡とともに、天皇や朝廷に運ばれた食料品の贄《にえ》か調に付けられていた木簡が出土していることと、造営にともなう土器が孝徳朝頃のものであることから、前期難波宮が孝徳朝に造営されたことは間違いない。

孝徳朝に造られた難波長柄豊碕宮は、藤原宮でも採用される革新的な構造であった。にもかかわらず、前項でみたように、続く後飛鳥岡本宮では、難波長柄豊碕宮をもっとも特徴づける広大な朝堂を採用しなかった。言い換えれば、広大な朝堂は、王宮として必須の構造ではなかったのだ。

立派な門の必要性

宮（ミヤ）とは、天子の住まいを意味し、「屋」に尊敬を表す接頭語の「ミ」が加わったものとされる（岸一九九三）。だから、王宮の核になるのは当然ながら内裏にほかならない。前期難波宮では、朝堂の北端にある最大の門を内裏南門と呼び、そこから北側の区画を内裏とみなしている。

内裏の閤門内は、もともと天皇と女官だけの空間であったが、延暦年間（七八二～八〇六）頃になると、天皇の許可を得ずに公卿が日常的に内裏に出入りするようになった（吉川一九九八）。玄関となる平安宮の内裏正面には、格式の高い五間門の承明門《しょうめいもん》が開いている。しかし、発掘調査で確認された平城宮の内裏には、五間門のように控柱をもつ立派な門はなく、大垣と一体となった小規模な門が取りつくだけだ（図22）。つまり、内裏が立派な門を構えるようになったのは、人の出入りが当たり前になったからだ。内裏が天皇と近侍官だけの空間であった状態は、推古朝の小墾田宮にまでさかのぼることが指摘されているから（大隅二〇一四）、天皇の私的空間が小規模な門を構える構造もまた、小墾田宮にまでさかのぼる可能性が高い。

内裏構造が人の出入りを想定したものになっていないのは、大王は本来、人々に姿を見せない「見えない王」だったからだ。前述したように、小墾田宮での外交儀礼にも推古は姿を現さなかったことを思い出してほしい。天皇が、百官や外交使節が立ち並ぶ場に赴き、参列者と直接対面するようになるのは平城宮からである（樋笠二〇一四）。近侍する限られた人にしか姿を見せない天皇のあり方は、『魏志』東夷伝倭人条に登場する女王卑弥呼の記述と同じだ。飛鳥時代の天皇は、「見えない王」の特質を色濃く残していた。

そうすると、前期難波宮の内裏南門と呼ばれている巨大な七間門は、内裏の門とは考えにくい。広大な朝堂院が王宮構造に欠かせないものではなかったことを勘案すると、内裏

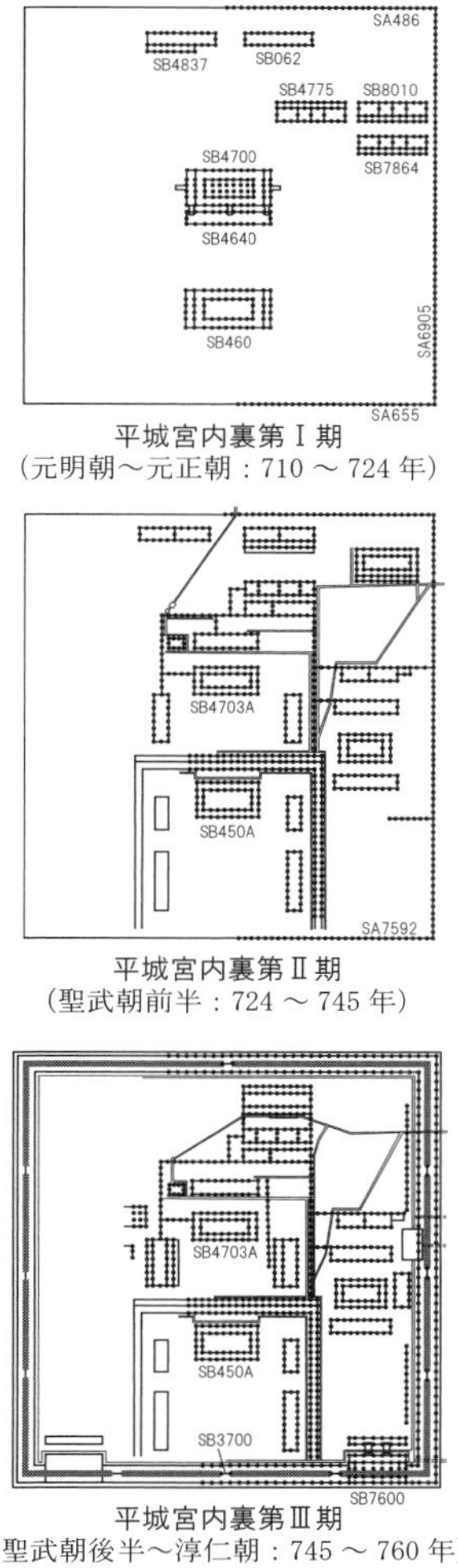

図22　平城宮内裏の変遷

南門は、むしろ、王宮の宮門（南門）に該当すると見るべきだろう。

難波宮の構造

それでは内裏はどこだろうか？『日本書紀』白雉元年（六五〇）二月甲申（十五日）条の白雉献上の記述から探ってみよう。この時の王宮は明記されてはいないが、味經宮《あじふのみや》（＝難波長柄豊碕宮）だと考えられている（市二〇一四）。

この日、元日朝賀と同じように朝庭に隊杖が並んでいた。紫門の外には、左右大臣と百官および朝鮮三国の人々らが四列に並び立つ。雉の輿を持った粟田臣飯蟲《あわたのおみいいむし》ら四人を先頭に、左右大臣が人々を率いて紫門から中庭に入った。そこで雉の輿は三國公麻呂《みくにのきみまろ》・猪名公高《いなのきみたか》見《み》・三輪君甕穂《みわのきみみかほ》・紀臣乎麻呂岐太《きのおみおまろきだ》の四人に引き渡され、天皇がいる殿の前まで運ばれた。そこから、左右大臣が輿の前方を持ち、伊勢王《いせのおおきみ》・三國公麻呂・倉臣小屎《くらのおみおくそ》が輿の後方を持って、御座の前に運び置いた。孝徳は中大兄を呼んで、一緒に雉をご覧になった。

この記事から、朝庭から紫門を入ると中庭があり、その先に天皇が出御する殿が位置するようすがわかる。この構造を前期難波宮と対応させると、朝庭はいわゆる朝堂院、紫門は内裏南門、中庭は内裏前殿の庭、殿は内裏前殿にあたるとみられている。この場合、百官や外交使節らが、天皇が出御する内裏前殿の眼前にいることになるのが問題だ。先述したように、天皇が参列者と直接対面するようになるのは平城宮からで、藤原宮でもみられない。大宝元年（七〇一）の藤原宮の元日朝賀で立てられたとみられる宝幢跡が、大極殿院南門の南正面で実際にみつかっているので（図23、奈良文化財研究所二〇〇九・二〇一七）、百官は大極殿院には入らず、朝堂に列立したと考えられる。姿をみせない王という特質を考慮すると、難波長柄豊碕宮において、天皇が出御する殿の前に百官が列立したとは考えにくいのだ。

また、記事の中で、雉の輿を持つ担当者が代わっているが、このように導者が交代するのは別の空間に移る時だ。例えば、『日本書紀』推古十六年（六〇八）八月と推古十八年（六一〇）十月の隋使・新羅使・任那使の迎接では、難波津で迎える使者、館への導者、京へ入った時に迎える者、そして宮への導者がそれぞれ代わっている。舒明四年（六三二）十月の唐使高表仁《こうひょうじん》等の迎接においても、難波津の江口での迎接、館前までの導者、館内への導者がその都度交代している。区間や空間が変わるときには、先導者が交代

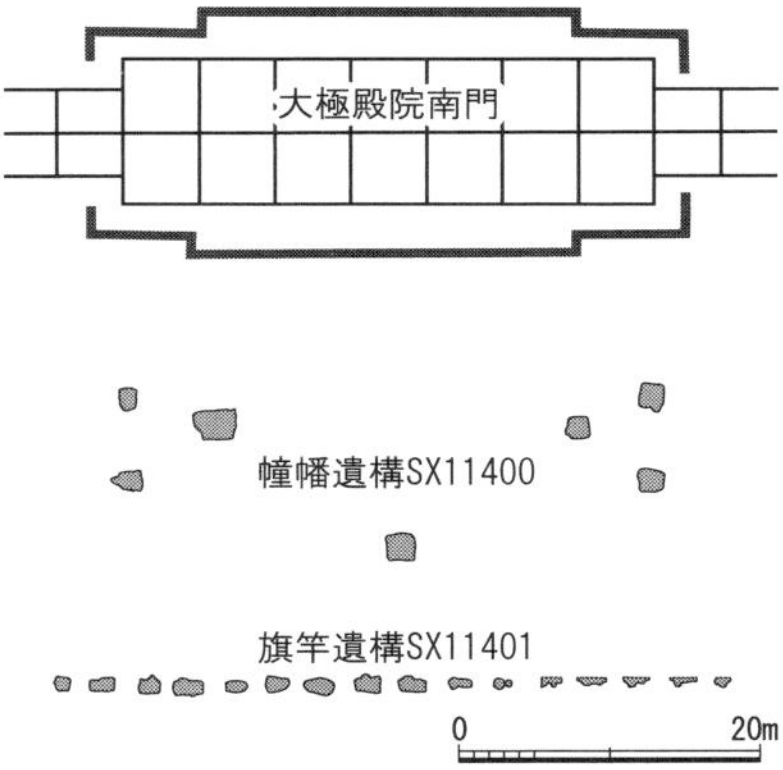

図23　藤原宮大極殿院南門前の幢幡遺構

するのだ。雉の輿を持つ人の交代においても、紫門から中庭、殿前から殿内の御座前という「外」から「内」への移動であることを勘案すると、中庭から殿の前に進めるための持ち手の交代も別空間への移動と考えるべきだ。

内裏前殿はなかった？

このように、白雉が献上された殿と百官および朝鮮三国の人々が列立した中庭は、同一空間に存在したのではなく、塀などで隔てられていたと理解すべきである。前期難波宮の復元案では、人々が列立する中庭には殿と考えられている内裏前殿が建っているが、実は、この内裏前殿の周辺では、特殊な改築を行っていることがわかっている（図24）。

内裏前殿の東西に配置された長殿SB一〇〇一、SB一一〇一は、もともと南北十六間という長大な建物で、北側五間のところで間仕切りがあったが、その北側五間分を撤去し、残り十一間分をわずか一メートルだけ南へずらして建て替えていた。この建て替えは、長殿の北側に空間を確保するための処置であることは明らかであり、その空間の中央に内裏前殿が建っているのだ。さらに、内裏前殿の背面に取り付く軒廊は、もともと東西塀以北のみだったものを、内裏前殿まで延長して建て替えている。これは、内裏前殿築造後の処置にほかならない。つまり、内裏前殿は後から増築されたと考えるべきだろう。白雉献上記事でみたように、中庭と殿が別空間にあることを勘案すれば、孝徳朝の難波長柄豊碕宮の段階には、内裏前殿は存在しなかったとみるのが妥当だ。内裏前殿が造られたのは、平面プランが類似するエビノコ郭正殿と同じ頃の天武朝とみるのが穏当である。

これを踏まえ、あらためて難波長柄豊碕宮の構造を確認しておこう。本来の宮門にあたる内裏南門を入ると広場があり、その東西に長殿が建つ。大臣・百官・外交使節が列立した場所だ。広場の奥は東西塀で仕切られており、その奥に内裏後殿が建つ。天皇が出御した殿にあたり、ここからが「大王の空間」だ。この構造は、上述した小墾田宮の構造と同じだ。これが王宮として必要な構造であり、代々引き継がれているのだ。つまり、難波長柄豊碕宮は、本来の王宮の南に広大な朝堂を増設した構造になっている。広大な朝堂は、有位者が朝参・朝政するための場所である。参集した百官らは、大王を象徴する紫門（内裏南門）に向かい、位階に従って整列する。これによって、天皇との君

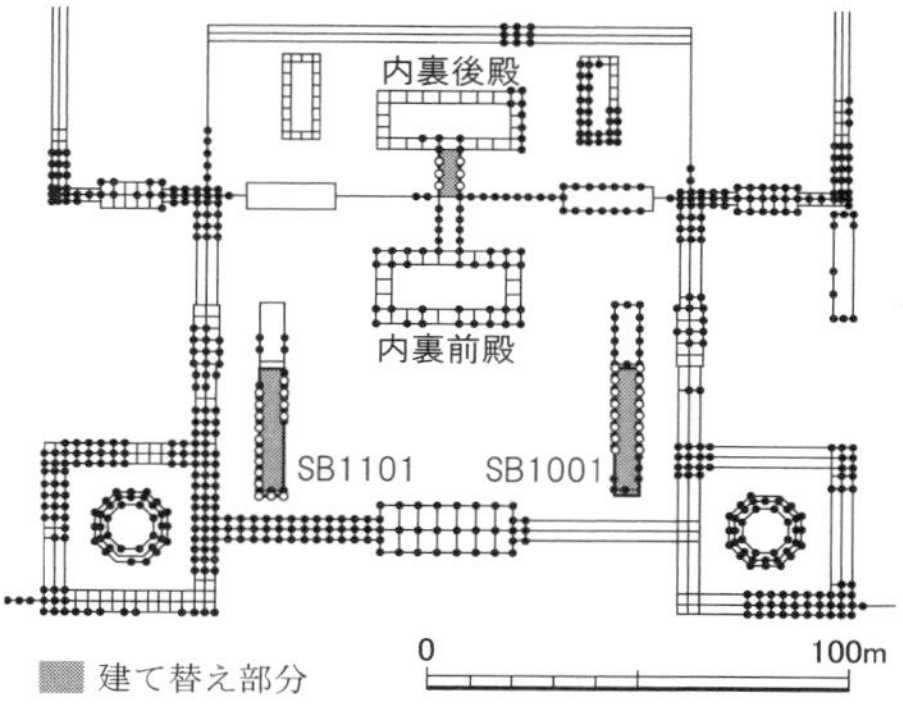

図24　前期難波宮内裏前殿周辺の建て替え

臣関係を確認し、位階による身分差を物理的な距離として具現化したのだ（早川一九八六）。前述したように、難波長柄豊碕宮は、王宮の基本構造に加え、参集した百官らに君臣秩序を確認させる広大な朝堂を創出した。天皇を頂点とする統治体制を演出する舞台が整えられたのであり、王宮として大きく発展した。

後飛鳥岡本宮への継承

だが、続く後飛鳥岡本宮では、その広大な朝堂を継承しておらず、王宮の基本構造に戻っている。広大な朝堂が、天皇への権力集中を図るために、朝参や朝政を徹底する空間として創設されたことからすれば、天皇を中心とする支配体系を具現化する王宮構造としては明らかな後退だ。王宮構造の展開の中で、難波長柄豊碕宮が飛び抜けて革新的に見えるのは、後飛鳥岡本宮があまりにもシンプルすぎることが一因だ。斉明は何故、画期的な王宮構造を採用しなかったのだろうか。

「其の宮殿の状、殫に論ふべからず」（『日本書紀』白雉三年〈六五二〉九月条）と讃えられてからわずか一年後の白雉四年（六五三）、孝徳を残して、飛鳥還都が敢行された。中大兄らは孝徳と難波長柄豊碕宮を見捨てたのであり、まさに、武力行使のないクーデターといってもよい状態だ。そのような状況では、孝徳朝に創出され、難波長柄豊碕宮を象徴する広大な朝堂が採用されなかったのはむしろ当然だろう。飛鳥への還都は難波遷都以前の宮処への回帰であり、宮およびその周辺環境を元に戻すことによって孝徳朝の政策を明確に否定する意図があったものと考えられる。

飛鳥への還都―大化薄葬令への反発

それでは、〝クーデター〟を起こすほどの反発を招いた孝徳朝の政策とは何だったのか。それを端的に示すのが、孝徳即位後すぐに行った次の盟約である。

「天神地祇《あまつかみくにつかみ》に告して曰さく、「天《あま》は覆《おほ》ひ地《つち》は載《の》す。帝道唯一《きみのみちただひとつ》なり。而《しか》るを末代澆薄《すえのようすら》ぎて、君臣序《きみやつこらまついで》を失ふ。皇天《あめ》、手を我に假《か》りて、暴逆《あらびと》を誅《ころ》し殄《た》てり。今共に心の血《まこと》を瀝《した》づ。而《しこう》して今より以後《のち》、君は二つの政《まつりごと》無く、臣《やつこらま》は朝《みかど》に貳《ふたごころ》あること無し。若《も》し此《こ》の盟《ちかひ》に貳《そむ》かば、天災《あめわざはひ》し地妖《つちわざはひ》し、鬼誅《おにころ》し人伐《ひとう》たむ。皎《いちしる》きこと日月の如し」(『日本書紀』孝徳即位前紀、皇極四年〈六四五〉六月乙卯〈十九日〉)

この盟約は、王権の支配の象徴ともみられていた大槻(今泉一九九三)の下で、孝徳・皇祖母尊・中大兄が群臣に対して行ったもので、乙巳の変によるクーデターの正当性を確認し、君臣秩序の遵守を誓わせている。すなわち、孝徳朝の焦眉の課題は君臣秩序の構築であったのであり、そのための体系として、大化三年(六四七)には冠位制の改正を行っている。この時の改正は、推古朝に制定された冠位十二階の上に、新たに六階級を創設して冠位十三階としたもので、それは理念上、上臣相当冠として新設されたものであり、上臣らを官人化しようとする施策だと考えられている（佐藤二〇〇九）。これによって、冠位十二階では対象外だった大臣にも冠位が与えられるようになった。

しかし、冠位十三階が制定された同年十二月には「皇太子の宮に災けり。」とあって、新秩序に対する反発は強かったようだ。失火は不満を示す表現だ。さらに、「古き冠を罷《や》む。左右大臣、猶《なお》古き冠を着る。」（『日本書紀』大化四年四月辛亥朔条）とあるように、あろうことか、孝徳朝新体制の最高位にある左大臣阿倍倉梯麻呂《あべのくらはしのまろ》と右大臣蘇我倉山田石川麻呂《そがのくらやまだいしかわまろ》が、揃いも揃って新冠位を拒否し、古冠を着用し続けている。阿倍倉梯麻呂にいたっては、大化二年（六四六）三月甲申（二十二日）条にある薄葬令を遵守しなかった可能性が高い。

阿倍倉梯麻呂の墓は、七世紀中頃に築造された奈良県桜井市阿部の文殊院西古墳《もんじゆいんにし》と考えられる。文殊院西古墳は、倉梯麻呂が創建したという安倍寺跡の約三〇〇㍍《メートル》北に位置し、現在の安倍文殊院境内にある。精美な切石積みの立派な横穴式石室であり、玄室の奥行きは五・一㍍《メートル》である。

薄葬令の埋葬施設内に関する規定では、王や上臣、下臣以上の墓は、内長九尺（約二・

七メートル）、幅五尺（約一・五メートル）と定められている。大仁以下、小智以上の墓は、内長九尺だから上位と同じだが、幅と高さは四尺（約一・二メートル）と少し狭くなっている（『日本書紀』大化二年三月甲申〈二十二日〉条）。この時期には、巨大な前方後円墳を造ることもなくなっており、石室も、棺を入れる空間しかないよりコンパクトな横口式石槨《せっかく》へと変化している。明日香村野口にある鬼の俎板《まないた》と鬼の雪隠《せっちん》は、横口式石槨の底石と転落した蓋石で、本来は組み合わさるものである。石槨の内寸は、奥行き約二・八メートル、幅約一・五メートルで、上記の下臣以上の規定に合致する。次章で述べるが、この石槨のある一帯は、飛鳥時代の天皇陵や皇族墓が集中する特殊な地域であり、下臣以上の規定であることは矛盾しない。

畿内の横口式石槨は、ほぼすべてが薄葬令の規定に沿った規模になっており、薄葬令は実効性を持っていたと考えられているが（塚口一九九五）、そのなかにあって、文殊院西古墳の横穴式石室は、棺を納める部屋である玄室だけで規定の倍近くもある。

このように、孝徳朝の新たな身分秩序に対しては、政権の中枢部にも強い反発があったことがうかがえる。このことが、〝クーデター〟を引き起こした原因だろう。孝徳朝を否定する飛鳥還都は、孝徳朝が当初より課題として取り組んだ君臣秩序の具現化を白紙に戻すことによって、群臣らの不満を解消することがねらいだったと思われる。難波長柄豊碕宮の広大な朝堂は、天皇への権力集中を図るために朝参・朝政を徹底させる場であり、その正面の巨大な「紫門」SB三三〇一は、参集する百官等に対して「大王宮」を権威づけ、天皇を中心とした支配体系を確認するための舞台装置であった。その構造は、まさに天皇との君臣秩序を具現化したものにほかならない。飛鳥還都後に斉明が造営した後飛鳥岡本宮が広大な朝堂を採用しなかったのは、孝徳朝の政策を象徴するこの構造を否定するためだと考えられる。

大極殿はなぜ必要だったか

天武が宮を造らなかったのはなぜか

斉明の後飛鳥岡本宮は、群臣らの不満を解消するために、王宮の基本構造を採用した。続く、近江大津宮が同じく基本構造に留まっているのも、依然として、天皇を頂点とする統治体制を、全面的に押し出せる状況ではなかったためだと考えられる。近江遷都は、白村江の戦いで唐と新羅に大敗してから四年目のことであり、その間に、北部九州から大和に至るまでの防備強化を行っている。緊迫した国際情勢も一因であろう。

それでは、壬申の乱に勝利して専制権力を掌握したとされる天武の王宮はどうだったか。

前述したように、天武は後飛鳥岡本宮に遷り、それを増改築しながら自身の王宮として再利用した。新たな天皇（大王）は新たな王宮で即位するという、当時の歴代遷宮の慣行からすれば異常なことだ。しかも、飛鳥浄御原宮という宮号が与えられたのは、天武が崩御するわずか一か月半前の朱鳥元年（六八六）七月のこと。清浄な場所を意味する浄御原という宮号命名は、同じ日に「朱鳥」という新たな年号を定めたことと合わせて、病気に伏した天武の平癒を祈ってのことだと考えられている（今泉一九九三）。そのような状況でもなければ、新たな宮号さえ与えられることはなかったのだ。

天武が自身の王宮を造営しなかったのは、母の宮殿を継承して王位継承の正統性を示すためだという見解がある（林部二〇〇八）。だが、当時は、即位するには遷宮をするのが当たり前なのだから、母の王宮を利用したからといって正統性を示す根拠にはならない（舘野二〇一〇）。しかも、斉明朝の大土木工事は失策だと謗られているし（『日本書紀』斉明四年十一月壬午〈三日〉条）、斉明自身、絶対的な権力者でもなかった。そのような斉明の王宮を継承したところで、権威を示すことにはならないだろう。

幻の遷都計画

天武は何故自身の王宮を造らなかったのか。実は、まったく手を付けなかったわけではなく、遷都計画は存在した。『日本書紀』天武五年（六七六）是歳条には、「新城《にいき》に都《みやこ》つくらむとす。限《かぎり》の内の田園《たはたけ》は、公私を問《い》はず、皆耕《みなたがへ》さずして悉《ことごと》くに荒《あ》れぬ。然《しか》れども遂《つい》に都つくらず。」とあり、新城への遷都計画が果たされなかったことを記す。ここでいう新城は地名ではなく、新しい城（街区）のことだ。また、天武十一年（六八二）三月朔（一日）条には、「小紫《しようし》三野王《みののおおきみ》及び宮内官《みやのうちのつかさの》大夫《かみ》等に命《みことのり》して、新城《にいき》に遣《つかわ》して、其の地形《ところのありかた》を見しむ。仍《よ》りて都《みやこ》つくらむとす。」とあって、新城の地形調査を行い、遷都計画が再び動き出している。天武は即位後まもなく新宮への遷都を計画していたものの、天武十一年まで新宮の造営にすら着手できていなかったことがわかる。つまり、天武は早い時期から新宮へ遷都するつもりだったのであり、それが果たされないまま月日が過ぎてしまったのだ。ただ、新城には街区となる条坊道路の敷設が進められていたことが発掘調査で確認されており、都を遷すための準備は着々と進められていた。新城の詳細については本書「天武・持統の都城構想」で述べる。

その間にも、天武は飛鳥浄御原宮の改修を行っている。即位後、早々に遷都する意志がありながら、新宮の造営には一向に着手せず、継承した王宮を改築していく意図はどこにあるのだろうか。

飛鳥浄御原宮の構造改革

天武元年（六七二）九月、壬申の乱に勝利した大海人皇子（のちの天武）は、美濃国の不破行宮《ふわのかりのみや》（現在の岐阜県不破郡関ケ原町野上）から飛鳥に戻り、嶋宮に滞在してから後飛鳥岡本宮に移った。そして、岡本宮の南に宮室を造営し、その年の冬に正式に遷都した（『日本書紀』天武元年是歳条）。

継承した後飛鳥岡本宮に対して、天武が即位する前にまず手を付けたのは、岡本宮の南の宮室にあたる内郭前殿の造営だ。その上で、天武二年（六七三）二月二十七日に、壇場《たかみくら》を設営して天皇として即位した。内郭前殿は、内郭南門を入った正面に建つもので、内郭の公的空間に造られた正殿である。王宮に備わっていた儀礼・儀式を行う群臣の空間に、天皇が出御するための正殿を新たに造営したのだ。内郭の東南には庁とみられる建物群も同時に造営されているから、内郭前殿の造営に伴って、人々が参集し、儀礼・儀式を行う朝庭の機能は、内郭内部から南の広場に移されたものと考えられる。

さらに、天武十年（六八一）頃には、内郭の東南に独立した公的空間であるエビノコ郭《かく》を造営している。エビノコ郭正殿は、飛鳥浄御原宮の中でも最大級で、最も格式の高い殿舎であることから、王宮全体の正殿と考えられる。天武は、従来の王宮にはなかった公的空間の正殿を、時期をずらしながら二棟も増築したのだ。

内郭前殿の造営に伴い、儀式・儀礼の場である朝庭は内郭の南側へ移された。そして、エビノコ郭は、朝庭を確保するために内郭の東南に造営されたのだ。エビノコ郭正殿が南面するのに対してエビノコ郭の正門が西を向くのは、朝庭に対峙するためだ。飛鳥浄御原宮が造営された飛鳥盆地は狭小であるため、内郭の真南にエビノコ郭を配置すると、蛇行する飛鳥川に制限されて十分な空間を確保することができない。だから、エビノコ郭の配置を東へずらしたのだ。

朝堂（朝庭と庁）の機能

内郭の南側に広い朝庭と庁を配置するのは、難波長柄豊碕宮が、本来の王宮部分の南側に広大な朝堂を創出した構造と同じだ。内郭東南地区の掘立柱建物ＳＢ九〇〇八は南北十二間、東西二間の長大な建物であり、難波長柄豊碕宮の朝堂に並ぶ庁と類似する。天武は、内郭前殿を増築するとともに、難波長柄豊碕宮の広大な朝堂のミニチュア版を飛鳥浄御原宮に導入したものと考えられる。

『日本書紀』にみられる天武朝の朝庭は、官人たちが参集し、天皇に拝礼する場である。さらに、統治が及ばない地域である化外《けがい》の民が朝貢する場であり、御薪《みかまき》の献上や射礼といった、天皇に奉仕することを示して君臣秩序と服属関係を確認する儀式を行うための重要な場であった。時には宴会も開かれた。朝庭に面した内郭南門とエビノコ郭西門は同じ構造の五間門であり、王宮の正門として、それぞれ天皇を象徴する建物だ。人々は、天皇が出御する空間に応じて、内郭南門に向かい、あるいはエビノコ郭西門を正面にみて参集したものと考えられる。

内郭前殿のねらい

天武が即位にあたって最初に造営したのは内郭前殿だ。その場所に注目して言い換えれば、天武は、儀式・儀礼の場であった群臣の場に最初に手を入れたということだ。

王宮の基本構造として、小墾田宮以来継承されてきた群臣の空間は、本来、天皇が出向く所ではなく、群臣たちが侍候し、彼らがすべてを取り仕切る空間だ。その空間に天皇が出御する正殿を造営したということは、その空間の主体が群臣から天皇に移ったことを意味する。群臣たちからすれば、自分たちが取り仕切るべき空間に建つ巨大な正殿の存在によって、自分たちの立場の矮小化を実感することになり、天皇との関係を否が応でも強烈に印象づけられたはずだ。つまり、天武は、内郭前殿を群臣の場に造営することで、天皇が群臣よりも上位にあることを視覚的に示し、群臣に対して、君臣関係を確実に認識させる意図があったと考えられる。これは、難波長柄豊碕宮で失敗した、天皇を頂点とする君臣秩序の構築に向けた大きな一歩である。それを可能にしたのは、壬申の乱の勝利にほかならない。

大極殿のねらい

新たな君臣秩序の構築に向けて大きく前進したが、まだ十分ではない。何故なら、内郭の中には、群臣が侍候する庁がまだ残っているからである。参集する人々が内郭南門に向かって拝礼すると、それは天皇だけではなく、群臣に対しても拝礼したことになってしまう。王宮本来の構造のままでは、天皇を頂点とする君臣関係を示すには限界があるのだ。この構造的欠点を克服するために創出された殿舎こそ、エビノコ郭である。

君臣秩序と服属関係を確認する場である朝庭に対峙して、内郭から独立した公的空間のエビノコ郭が造営されたのは、朝庭に参集する官人や諸蕃らに対して、彼らが従属する対象が唯一天皇であることを明確に示し、天皇が支配体系の頂点にいること確認させるためだと考えられる。エビノコ郭は、群臣はもとより、群臣・大夫らに統率され、群臣・大夫に仕奉する存在であった中下級官人層に対して、仕奉する対象が天皇であることを認識させるものであり、群臣をはじめ、そこに参集する支配対象すべてに対して、天皇による支配体制を認識させ、その正統性を示したものと考えられる。それはまさに大極殿と呼ぶに相応しい殿舎といえよう。その意味で、エビノコ郭正殿は朝庭に対する正殿に位置付けることができるものであり、朝堂の正殿として成立する藤原宮以降の大極殿に繫がる重要な存在なのである。

このように、天武による公的空間の新たな造営は、天智でさえ成し得なかった君臣秩序の具現化であった。これは、壬申の乱による天武への権力の集中があってこそ成功した。だが、それは段階を追って進められたのであり、一度には成し得ない難題であったことがうかがえる。

正殿にみる大王の特質

天武が増築した二棟の正殿には面白い特徴がある。それは、正殿が区画の中央に位置していることだ。中国や韓国の古代都城では、正殿は区画の中央ではなく北端にあり、正殿の前方（南側）には参列者が列立するための広い空間を設けるのが基本だ。しかし、飛鳥浄御原宮の内郭前殿は、南門を入った区画の中央に位置しており、建物の前面に空間を設けようとする意図や意識は見受けられない。つまり、天皇が出御する正殿のある空間に、百官や外交使節といった多人数の被支配者が参入して列立することを想定していない構造なのである。これは、儀式や儀礼の場において、直接出御し接見することがなかった天皇（大王）本来の特質を示すものにほかならない。

エビノコ郭については、東側の区画が確認されていないため、正殿の東西配置はわからない。しかし、エビノコ郭正殿の正面は南側であるにもかかわらず、正殿は郭の南北中央に配置されていて、前方（南側）には特に広場を設けていない。しかも、正殿正面にあたる南側には正門がないのである。エビノコ郭西門がある正殿西側の空間は正殿南側よりも広いが、内郭前殿の東西空間と同じ程度にすぎず、「大極殿」の儀礼空間として見た場合、決して十分とは言えない。やはりエビノコ郭も、儀式や儀礼において百官や外交使節が入場し列立することを想定したものではなかったと考えるのが穏当だ。

また、正殿のある空間が、南門の高さからほとんど変わらず平坦であるのも大きな特徴といえる。中国や朝鮮半島の都城では、正殿のある区画や正殿が建つ土台自体が高くなっており、正面に列立する人々を皇帝や王が見下ろすような構造になっている。一方の飛鳥浄御原宮の正殿は、いずれも正門の高さとほぼ同じ高さに造られており、正面観は門や塀と重なっている。この構造も、百官や外交使節と対峙することを想定したものではなく、見えない王の特質を反映したものといえよう。

藤原宮における元日朝賀では、天皇が出御する大極殿院の南門前方に宝幢が立てられ、百官や外交使節らは大極殿院内ではなく、宝幢に向かって朝堂に列立した。このように、儀式や儀礼において、天皇が出御する正殿の空間に人々を引き入れず、天皇が直接接見しないあり方は、藤原宮大極殿にも引き継がれている。藤原宮大極殿の前方には大極殿院南門まで五〇《メートル》ほどの空間があるが、儀式や儀礼で、そこに人々が参入し列立することはなかった。藤原宮は中国都城に強い影響を受けながらも、大王の特質を反映した王宮構造になっているのである。これは天皇（大王）宮の強い保守性を示すものであり、官衙が礎石建ちで瓦葺きになる一方で、内裏が檜皮葺であり続けたことにもその保守性は見受けられる。このように、王宮は本来、保守的な性質と構造をもつものであり、天皇（大王）の本質やあり方が変わらない限り、基本構造は維持されるのである。

文学においては、日本文化の源流を追及すれば純粋な中国文化になるという指摘がある（上野二〇二〇）。だが、考古資料を見る限り、要素や技術の導入はありながらも、必ずと言っていいほど独自性があり、それは現代にまでつづく。それは他国でも同じだ。たとえば、外交儀礼の宴でも使われる食器様式の変化では、七世紀代に日本と新羅で中国的なスタイルをほぼ同時に採用しながらも、当初から各国独自のスタイルを築きあげている。ましてや、王宮というもっとも保守的な存在ならなおさらである。この独自性にこそ、日本文化の特質が現れているのだ。

天皇の正統性

神と称えられた天武の実像——天武の正統性

天武朝の社会的背景

前章でみたように、天武は継承した後飛鳥岡本宮《のちのあすかおかもとのみや》に正殿を増築することによって、君臣秩序の具現化を進めた。それは、孝徳朝の難波長柄豊碕《なにわながらとよさきの》宮《みや》で実践したものであったが、大きな反発を受けて一度は撤回した政策だ。それを実現できたのは、壬申の乱によって近江朝を支えた中央豪族が姿を消し、天武が専制的な権力を掌握できたからだろう。『万葉集』に「大君は神にしませば」と詠われたように（『万葉集』巻十九—四二六〇・四二六一）、神的権威が天武に付与されたのもうなずける。しかし、後飛鳥岡本宮を改築する形で進められた飛鳥浄御原宮《あすかきよみはらのみや》の段階的な構造改革からは、絶対的な王権の姿はうかがえない。

天武朝の前半期は、政治的に決して安定したものではなかったようだ。『日本書紀』によると、天武四年（六七五）四月八日に、當摩公廣麻呂《たぎまのきみひろまろ》・久努臣麻呂《くぬのおみまろ》らが朝参を禁じられており、詔を伝える使者に対して久努臣麻呂がそれを拒んで官位まで剥奪されている。その理由は定かではないが、飛鳥浄御原宮への参上が許されなかったことからすると、天皇への奉仕を拒むなどといった政治的な理由であろう。また、天武六年（六七七）四月十一日には、杙田史名倉《くいたのふひとなくら》が天皇を非難したことによって、遠流《おんる》にあたる伊豆嶋に流罪となっている。天皇批判は養老職制律《ようろうしきせいりつ》に規定のある八虐《はちぎやく》の大不敬《だいふけい》にあたる大罪である。

天武六年（六七七）六月是月条には、「東漢直《やまとのあやのあたい》等に詔《みことのり》して曰はく、「汝等《いましら》が黨族《やから》、本より七つの不可《あしきこと》を犯《おか》せり。是《ここ》を以《も》て、小墾田《おはりだ》の御世《みよ》より、近江《おうみ》の朝《みかど》に至るまでに、常に汝等を謀《はか》るを以て事《わざ》とす。今朕《わ》が世に當《あた》りて、汝等の不可《あ》しき状《かたち》を將責《せ》めて、犯《おかし》の随《まま》に罪《つみ》すべし。然《しか》れども頓《ひたぶる》に漢直の氏《うじ》を絶《たや》さまく欲《ほっ》せず。故《かれ》、大きなる恩《めぐみ》を降《くだ》して原《ゆる》したまふ。今より以後《のち》、若《も》し犯《おか》す者有らば、必《かなら》ず赦《ゆる》さざる例《かぎり》に入れむ」とのたまふ」とある。これは小墾田の御世、つまり推古朝以降、政治的陰謀者となって悪逆を犯してきた東漢氏に対して警告したもので、政治的な動きを強く牽制したものである。このような詔が出されたのは、杙田史名倉の天皇非難や當摩公廣麻呂・久努臣麻呂らの朝参停止命令からうかがえるような、政治的な反発が常に起こりうる状況にあったからにほかならない。また、天武四年（六七五）十一月癸卯（三日）条に「人有りて宮の東の岳に登りて、妖言《およづれこと》して自《みずか》ら刎《くびは》ねて死《し》ぬ」とあるのも、天武朝に対する社会的な批判や反発を表現したものだろう。

神武陵の選定（治定事業）

壬申の乱による勝利は武力による王権の奪取であり、天武朝は簒奪王権といわれる（石母田一九七一）。前項でみたような、天武朝に対する強い反発は、簒奪王権という天武朝の成り立ちに原因があったと考えられる。正統性は大友皇子にあったので、大海人は挙兵にともなって正統性を示す必要があった。これに関するものとして、壬申の乱の記事のなかで、「神日本磐余彦天皇《かむやまといわれびこのすめらみこと》の陵《みささぎ》に、馬及《およ》び種種《くさぐさ》の兵器《つわもの》を奉《たてまつ》れ」（『日本書紀』天武元年七月条）という事代主神《ことしろぬしのかみ》と生霊神《いくみたまのかみ》の神託を記すのは、大海人方の正統性を主張するために、始祖王である神日本磐余彦天皇（神武天皇）陵への追祭祀を意識的に記したものと考えられている（今尾一九九六）。

神武が葬られたという畝傍山東北陵《うねびやまのうしとらのすみのみささぎ》は、現在、宮内庁が管理しているが、壬申の乱のときに祀られた神武陵はその北側にある綏靖《すいぜい》天皇陵（以下、現綏靖陵）だと指摘されている（今尾一九九六）。現綏靖陵は直径約三〇メートル、高さ五メートル以上の円墳か、もしくは墳

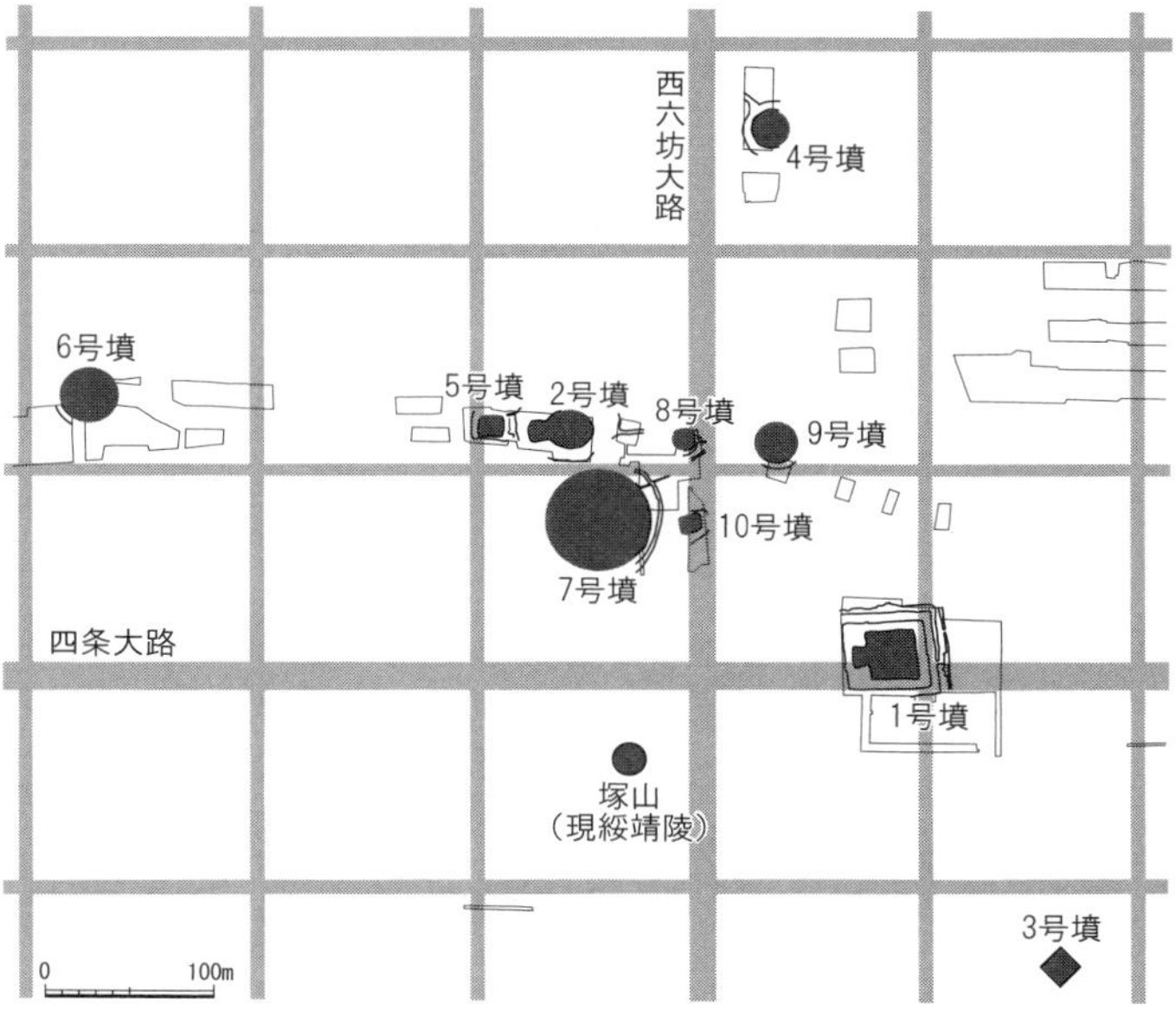

図25　綏靖陵・四条古墳群と藤原京の条坊道路

長六〇メートル《メートル》規模の前方後円墳で、四条古墳群のうちの一基である。四条古墳群は五世紀前半から六世紀前半にかけて築造されたもので、天武朝の初めに新城の条坊道路の敷設によって削平されたことが確認されている。そのなかにあって、現綏靖陵だけが削平されず残されているため、天武朝の「神武陵」として有力視されている（図25）。

現綏靖陵のすぐ近くには同規模の古墳が複数あるので、古墳群の中で現綏靖陵は取り立てて目立つ存在ではない。少なくとも、古墳群が形成された時期には神武陵という認識はなかったものと考えられる。天武は、新城の造営と並行して、古墳群の中から特定の古墳のみを選定し、意図的に残したのだ。これは神武陵の治定事業にほかならない。神武陵の治定は、王権を象徴する都城の造営と一体的に行われたものであり、それは天武と始祖王との繋がりを強調することで天武の正統性をはかることが目的だったといえよう。

天武の神格化

それでは天武が始祖王との繋がりを強調したのはなぜか。それは天武が新しい王朝を切り開いたという意識を強くもっていたからだと考えられる。

壬申の乱の記述のなかで、「其の衆《いくさ》の近江の師《いくさ》と別け難きことを恐りて、赤色を以て衣の上に着く」（『日本書紀』天武元年七月辛卯条）とあり、柿本人麻呂の歌に「捧げたる幡《はた》の靡《なびき》は　冬ごもり　春さり来れば　野ごとに　着《つ》きてある火の　風の共《むた》　靡くがごとく」（『万葉集』巻二―一九九）とあるように、大海人側の軍が衣や旗に赤色を用いたのは、秦《しん》を滅ぼして新しい漢王朝を創始した劉邦《りゅうほう》に大海人自身をなぞらえたからだと考えられている。また、天武が自らを新しい王朝の創始者だと意識していたことは「天皇、新に天下を平けて、初めて即位す」（『日本書紀』天武二年八月戊申〈二十五日〉条）という表現からもうかがえる。また、同条に「唯賀使を除きて、以外は召したまはず」とあって天智崩御に対する喪弔使を受け入れないのは、天智朝との断絶を強く意識していたからだ。天武の和風諡号《しごう》「天渟中原瀛真人《あまのぬなはらおきのまひと》天皇」の真人には受命し革命を起こす人という意味があることからも、天武朝が革命によって創始されたと認識されていたことがわかる。

天武は先帝である天智とその継承者である大友皇子から王権を簒奪したのであり、兄天智と一致する皇統を強調するだけでは天武即位の正統性を示すことはできない。このことが天智朝との断絶を強く意識し、天命思想を強く意識させたものと考えられる。それまでの比較的近い先帝との系譜を重視する正統性ではなく、それを包括する根源的な論理として始祖王との繋がりを重視することにつながったのだろう。

『日本書紀』や『古事記』によれば、地上を治めるために降臨したのは天照大神《あまてらすおおみかみ》の孫の天津彦彦火瓊瓊杵尊《あまつひこひこほのににぎのみこと》であり、その子孫が始祖王神武である。柿本人麻呂が、天武の皇子である草壁の殯《もがり》の際に詠んだ歌には、「高照らす　日の皇子は　飛鳥《とぶとり》の　浄《きよみ》の宮に　神ながら　太敷《ふとし》きまして」（『万葉集』巻二―一六七）とあり、天武（日の皇子）は天照大神の子孫に位置づけられ、支配者としての天皇の正統性が天との系譜によって示されている（丸山二〇〇一）。

天武が神武との繋がりを強調したのは、自身の正統性を天照大神からの系譜に求めたからだ。そのため、天武は伊勢神宮の祭祀を充実させて天照大神を皇祖神と位置づけたと考えられている。それは天武を神格化すると同時に、同じく天孫降臨起源をもつ諸豪族の神々よりも皇祖神を超越させることが目的であった（大隅二〇〇一）。

陵墓で示す正統性

陵と墓

天武は神武との繋がりを主張するために、わざわざ古墳群の中から神武陵を治定してまで祀った。それは陵墓が単なる埋葬施設なのではなく、被葬者との関係性を象徴的に示すモニュメントだからだ。なお、天皇の墓所はミサザギと称され「陵」と表記する。『日本書紀』では、天皇か、もしくは天皇に準じる者に限って使用されており、天皇以外の墓所は「墓」として、明確に区別されている。

そもそも古墳とは、琉球諸島・東北北部・北海道を除く列島の広範な地域の首長たちが、画一的な墳形・埋葬施設・埋葬品を採用することによって、政治的な繋がりを示す首長連合の象徴であるとともに、墳形と規模によって政治的な身分秩序を表現する記念物だ（白石一九九九）。古墳で表現するヒエラルキーの頂点にあるのが巨大な前方後円墳であり、この巨大なモニュメントで権力と権威を誇示したのである。ちなみに、日本最大の前方後円墳は大阪府堺市の大仙陵《だいせんりょう》古墳（現仁徳天皇陵）であり、墳丘部の全長は約四八〇《メートル》、三重の濠を含めると約八四〇《メートル》にも達し、高さは三六《メートル》である。大林組の試算によると、造営の工期は古代工法で一五年八か月もかかるという。現代工法による工期は二年六か月、工事費は二〇億円と試算されている。

箸墓《はしはか》古墳を典型とする定型化した前方後円墳の出現を契機とし、極彩色壁画で有名な高《たか》松塚《まつづか》古墳が造られる七世紀末頃までを古墳時代という。七世紀は飛鳥時代ではないかと思われる方も多いだろうが、巨大な方墳や八角墳の築造は続いているので、考古学的な時代区分としては古墳時代の終末期と呼んでいる。ただし、前方後円墳の造営は七世紀初め、推古《すいこ》朝頃に終焉を迎える。これは、古墳によって政治秩序を主張する代わりに、冠位制度という新たな序列制度を導入したためである。

推古は、前方後円墳を築造しなかっただけではなく、自身の陵の造営すら行わず、自身が生んだ竹田皇子との合葬を群臣に遺詔している。『日本書紀』推古三十六年（六二八）九月戊子条によると、「比年、五穀登らず。百姓《おおみたから》大きに飢う。其れ朕《わ》が為に陵を興《た》てて

図26　植山古墳（橿原市教育委員会提供）

厚く葬《はぶ》ること勿《まな》。便《ただ》に竹田皇子の陵に葬るべし」とある。推古と竹田の合葬墓と考えられる橿原市植山《うえやま》古墳の墳丘は、のちに追加される推古の西石室構築分の墳丘も同時に築造されている（図26）。これは、推古の詔を受けて、生前にいわば寿陵《じゅりょう》として築造されたからだと考えられる。寿陵の築造であっても推古が群臣に詔したのは、天皇陵の築造が、基本的には群臣によって行われるものだったことを示しており、これは、天皇（大王）陵築造という行為が、次の天皇（大王）や群臣らが執り行う皇位継承の儀式と関わるためだろう。

『古事記』によると、推古陵は推古自身の詔に反して造営され、大野岡上から科長大陵に遷されているが、初葬陵である植山古墳は、改葬後、少なくとも藤原宮期までは塀で囲まれ、厳重に管理されている（橿原市教育委員会二〇一四）。このように、天皇が埋葬された陵は、それが空墓となった後でも陵であり続けたのであり、維持管理する対象だったのだ。

飛鳥の陵墓の起点―梅山古墳

飛鳥には、被葬者を意識して築造されたとみられる特殊な陵墓域がある。その起点になっているのが、明日香村平田《ひらた》にある梅山《うめやま》古墳だ。六世紀後半に築造された梅山古墳は墳長一四〇メートルで、最後の前方後円墳と言われる。現在は、欽明《きんめい》天皇の檜隈坂合陵《ひのくまのさかあいのみささぎ》に治定されて宮内庁が管理する。この梅山古墳を起点として、東へ向けて直線的に、カナヅカ古墳、鬼の俎《まないた》・雪隠《せっちん》古墳、野口ノ王墓古墳（天武・持統陵）が順番に、一定の間隔を保って築造されている（図27）。

梅山古墳は、「砂礫《さざれし》を以て檜隈陵《ひのくまのみささぎ》の上に葺《し》く。則《すなは》ち域外《めぐり》に土を積みて山を成す。仍《よ》りて氏毎《うぢごと》に科《おほ》せて、大柱を土の山の上に建てしむ。時に倭漢坂上直《やまとのあやのさかのうへのあたひ》が樹《た》てたる柱、勝《すぐ》れて太《はなは》だ高し。故《かれ》、時の人號《なづ》けて、大柱直《あたひ》と曰ふ」（『日本書紀』推古二十八年〈六二〇〉十月条）にみえる「檜隈陵」だと考えられている。梅山古墳は近世の史料で「石山」

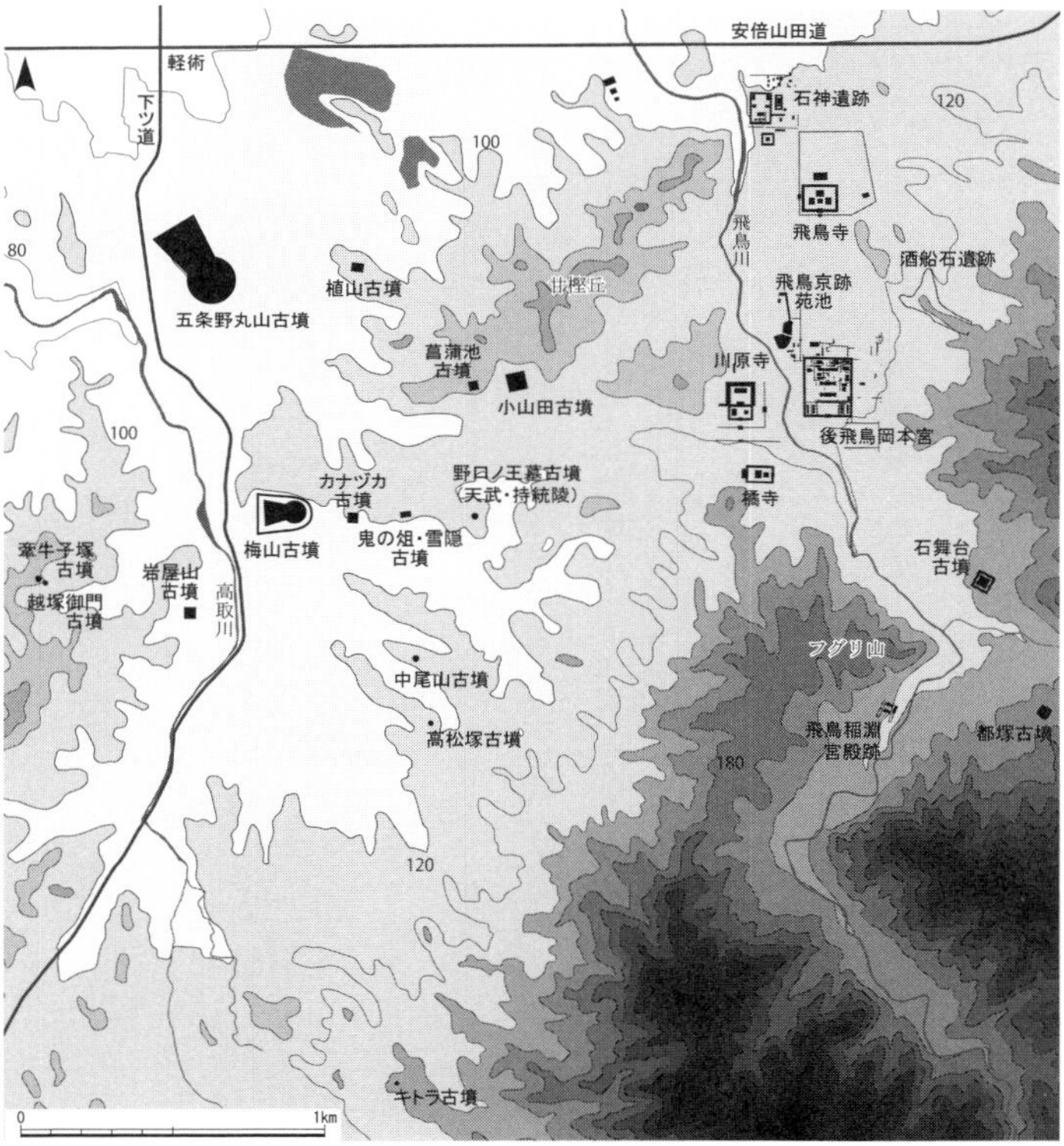
安倍山田道
軽術
下ツ道
石神遺跡
120
100
飛鳥寺
飛鳥川
80
酒船石遺跡
植山古墳
甘樫丘
飛鳥京跡
苑池
五条野丸山古墳
菖蒲池
古墳
川原寺
小山田古墳
後飛鳥岡本宮
100
カナヅカ
古墳
野口ノ王墓古墳
（天武・持統陵）
橘寺
梅山古墳
鬼の俎・雪隠
古墳
石舞台
古墳
牽牛子塚
古墳
岩屋山
古墳
高取川
越塚御門
古墳
フグリ山
中尾山古墳
高松塚古墳
飛鳥稲淵
宮殿跡
都塚古墳
180
120
キトラ古墳
0
1km

図27　飛鳥の陵墓

とも呼ばれ、「砂礫」にあたる葺石が発掘調査で確認されているし、周濠の南側には土壇状の高まりがある。また、河村秀根が著した『書紀集解』巻二十二の豊御食炊屋姫天皇（推古）二十八年十月条によると、干ばつのあった明和の辛卯年（明和八年〈一七七一〉）に、梅山古墳の南側の字「池田」で小池を掘った際、深さ数十尺のところから、大きさ十圍、長さ三尺の大柱の残欠が見つかったといい、これを坂上直が樹てた大柱とみている。こういった状況から、梅山古墳が「檜隈陵」であることは確実視されている。ただ、大柱がみつかった小池は、土壇状の高まりの南側の低地にあたり、見つかった深さや大柱残欠の大きさを考えると、あるいは大木をくりぬいた井戸枠の可能性もある。

推古二十年（六一二）二月庚午（二十日）条に、「皇太夫人《おほきさき》堅塩媛《きたしひめ》を檜隈大陵《ひのくまのおほみささぎ》に改め葬《はぶ》る。是の日に、軽《かる》の術《ちまた》に誄《しのびことたてまつ》る。第一に、阿倍内臣鳥《あへのうちのおみとり》、天皇の命《おほみこと》を誄る。則《すなは》ち霊《みたま》に奠《ものむ》く。明器《みけもの》・明衣《みけし》の類、萬五千種なり。第二に、諸皇子等、次第を以て各誄す。第三に、中臣宮地連烏摩侶《なかとみのみやどころのむらじをまろ》、大臣《おほおみ》の辞《ことば》を誄る。第四に、大臣、八腹臣《やはらのおみ》等を引き率て、便《すなは》ち境部臣摩理勢《さかひべのおみまりせ》を以て、氏姓《うぢかばね》の本《もと》を誄さしむ。」とあり、欽明の妃である堅塩媛を欽明の檜隈坂合陵とみられる「檜隈大陵」に改葬したといい、この日、軽の街で生前の功徳を称える誄《しのびごと》が行われた。この檜隈大陵と檜隈陵を同一視して、梅山古墳を欽明陵とみる見解が多いが、「檜隈陵」「檜隈大陵」と書き分けられている以上、両者は区別すべきだ。

軽の街は、近鉄橿原神宮前駅の東にある丈六交差点付近である。丈六交差点から約七〇〇メートル南の軽の坂合には、全長約三二〇メートルで、六世紀後半に築造された奈良県最大の五条《ごじょう》野丸山《のまるやま》古墳が位置しており、当地はもともと檜隈に含まれる地域であった。その当時、天皇陵に該当するような古墳で、檜隈に存在したのは梅山古墳とこの五条野丸山古墳のみであり、「檜隈大陵」にあたるのは、県内最大の五条野丸山古墳にほかならないだろう。すなわち欽明の檜隈坂合陵とは五条野丸山古墳のことである（高橋二〇一二）。

檜隈陵である梅山古墳の被葬者については、欽明と同時代に活躍した蘇我馬子の父稲目《いなめ》の墓だという見解がある。だが、天皇の墓所をいう「陵」という時点で稲目の墓ではありえない。古墳の築造時期や規模をはじめとして、被葬者となりうる人物を詳細に検討した高橋照彦氏は、梅山古墳を敏達《びだつ》天皇の未完陵と結論づけた。未完陵としたのは、「譯語田《おさた》天皇を磯長陵《しながのみささぎ》に葬りまつる。是其の妣皇后《いろはきさき》の葬られたまひし陵なり」（『日本書紀』崇峻四年〈五九一〉四月甲子〈十三日〉条）とあるように、敏達が磯長にある母の石姫の墓に合葬されているからだ。この敏達の埋葬は、崩御から五年八か月後のことであり、殯の期間を考慮しても遅すぎる。その間にも、本来の陵、すなわち梅山古墳の築造が進められていたと考えるのが穏当である。

磯長谷の陵と蘇我氏

敏達崩御後に即位した用明《ようめい》は、欽明と蘇我稲目の娘である堅塩媛の皇子だが、即位後わずか一年七か月で崩御し、用明二年（五八七）七月二十一日に、王宮をおいた磐余《いわれ》の池上陵《いけのえのみささぎ》に埋葬された。そして、六年後の推古元年（五九三）九月には、河内磯長陵《かわちしながのみささぎ》に改葬されている。敏達の合葬に続いて、用明も磯長に改葬されているのだ。改葬は、被葬者の意向ではなく、主宰者の意向や政治的意図によって実施される。当時最大の権力者は蘇我馬子だ。

用明の崩御後、物部守屋が稲目の娘小姉君《おあねのきみ》の皇子である穴穂部《あなほべ》を天皇に擁立しようとすると、敵対する蘇我馬子は、先帝敏達の皇后であった炊屋姫《かしきやひめ》（のちの推古）を奉じて詔させ、穴穂部と宅部を殺害する。馬子は、いわゆる崇仏論争で守屋と激しく対立していたが、皇位継承をめぐる勢力争いを背景に、諸皇子、群臣を巻き込んで守屋を討滅した。そして、炊屋姫と馬子を含む群臣に推戴されて即位したのが、穴穂部の同母弟で守屋討滅にも参加した崇峻《すしゅん》天皇である。しかし、実権は馬子の手中にあった。

崇峻五年（五九二）十月丙子（四日）、崇峻は献上された猪を指さして、「何の時にか此の猪の頸《くび》を断《き》るが如く、朕《わ》が嫌《ねた》しとおもふ所の人を断らむ」といい、常時よりも多くの軍備を整えた。これを聞いた馬子は、自分が嫌われていることを恐れ、同年十一月乙巳（三日）、東漢直駒《やまとのあやのあたいこま》に命じて崇峻を謀殺し、その日のうちに倉梯岡陵《くらはしのおかのみささぎ》に埋葬した。そして、そのわずか一か月後には、炊屋姫が豊浦宮《とゆらのみや》で即位した。推古天皇である。

敏達が石姫の磯長陵に合葬されたのが、崇峻四年（五九一）四月。天皇が合葬されることと自体珍しいことだが、自身の陵にではなく、生母の墓に納められることは他に例がない。わざわざ石姫の墓に合葬したのにはそれなりの理由があるはずだ。

敏達が石姫の墓に合葬されたのは、葬送儀礼によって、ヤマト王権の王統の血を受け継ぐ石姫との繋がりを強調し、敏達を権威づける意図があったものと思われる。『古事記』や『日本書紀』は、皇統の正統な継承次第を、生母が蘇我氏であった用明、崇峻、推古ではなく、宣化《せんか》の皇女石姫を母とする敏達に位置付けており、生母の出自が皇位継承を定める重要な要素とみなされていた（矢嶋二〇〇八）。儀礼の主宰者は馬子にほかならない。馬子が正統な天皇である敏達をわざわざ権威づける理由とはなにか。翌年の崇峻殺害と直後の推古即位を勘案すると、敏達合葬の真の目的は、敏達の皇后であった炊屋姫の権威付けにあり、炊屋姫が即位するための環境整備であったのかもしれない。

大阪府南河内郡太子町《たいしちよう》の磯長谷《しながたに》には、敏達陵、用明陵のほか、推古、孝徳、そして、用明の皇子である廐戸《うまやと》の陵が築造された。磯長谷を含む石川郡は、蘇我氏の祖先である蘇我石河宿禰《いしかわのすくね》が生まれた地であって蘇我氏の有力な基盤であり、用明、推古、廐戸の陵の存在からうかがえるように、当地への陵の築造には蘇我氏が強く関与していたことは間違いない。正統な皇位継承者に位置付けられる敏達陵を蘇我氏の基盤に置き、その地域に蘇我氏出自の天皇陵を築造することで、蘇我系天皇を権威づけるとともに、蘇我氏と大王家との繫がりを強調したのだろう。

敏達が合葬された母石姫の墓は、大阪府南河内郡太子町の磯長谷古墳群にある太子西山《たいしにしやま》古墳と考えられている。墳丘長約九三メートルの前方後円墳で、磯長谷古墳群の中で最初に造られた大規模な古墳である。石姫の墓が磯長に築造されたのは、磯長が、四世紀末から六世紀中頃まで大王墓が築造された古市《ふるいち》古墳群の周辺地にあたることから、大王やその一族の霊の眠るべき土地という意識が働いたためだという指摘があるが（白石二〇〇七a）、磯長は古市古墳群とは明らかに一線を画した地域である。磯長谷に蘇我系天皇らが埋葬されたことと、欽明陵が蘇我氏の本拠地である檜隈に築造されたことを勘案すれば、蘇我氏が関与したとみるべきではないだろうか。蘇我氏は、本拠地の檜隈に天皇陵を、そして、蘇我氏ルーツの地である磯長に、正統な大王の血を引く后石姫の墓を引き入れることによって、大王家との繋がりを顕示したのだ。

蘇我氏による権威誇示

欽明と敏達の関係を考慮すれば、欽明陵と同じ檜隈に敏達陵が築造されるのは不思議ではない。だが、何度もいうように檜隈は蘇我氏の本拠地だ。

蘇我氏との関係性が薄れた敏達の陵を檜隈に築造することに対し、群臣らにまったく抵抗がなかったとは考えにくい。特に、崇仏論争や皇位継承にともなう勢力争いで蘇我氏と激しく対立した物部氏と中臣氏の同意は得られるはずがない。敏達の殯儀礼で誄を奉る蘇我馬子と物部守屋の罵りあいは、群臣らの関係性を示す象徴的な逸話だ。物部守屋は蘇我馬子が腰に刀を帯びた姿を揶揄《やゆ》して、まるで大きな矢で射られた雀のようだと嘲笑えば、馬子は、緊張のためか手足が震える守屋をみて笑い、鈴をつけたらいいと馬鹿にしたという（『日本書紀』敏達十四年〈五八五〉八月己亥〈十五日〉条）。敏達が自身の天皇陵に埋葬されなかったのは、群臣間の対立によって、蘇我馬子が主導する檜隈の陵、すなわち梅山古墳の築造と葬送儀礼が思うように進められなかったからではないだろうか。

推古二十年（六一二）二月二十日、欽明の妃であった堅塩媛を檜隈大陵に改葬した。皇后ではない堅塩媛を欽明陵に合葬したのは、堅塩媛が推古の母だったからであるが、軽《かるの》術《ちまた》での誄儀礼において、馬子が蘇我氏の多くの支族を率いていること、そして、馬子の弟とみられる境部臣摩理勢《さかいべのおみまりせ》が蘇我の氏姓の本を誄したことからうかがえるように、大王家と蘇我氏との関係性の強さを顕示するとともに、蘇我氏の権力を誇示するねらいがあったものと考えられる。

推古二十八年（六二〇）十月に、檜隈陵に葺石を敷いて整備したのは、敏達を顕彰することで、后だった蘇我系天皇の推古の立場を強調するためだと考えられる。さらに、土山を築いて氏ごとに大柱を立てさせたのは、蘇我氏を中心とする豪族たちの結束を高めるためであろう。こういった儀式的な行為は、群臣間の対立で未完陵となった敏達陵で行うことにこそ意味があったのだ。

檜隈陵である梅山古墳を敏達陵とする考えに対しては、敏達が埋葬もされていないのに儀式を行うのだろうかと疑問に思われる方もいるだろう。だが、推古陵の植山古墳が空墓になっても維持管理されたように、遺体が本当にその場所に埋葬されているかどうかは陵と認識する上で問題ではなく、天皇陵として築造されたことが重要なのだ。

このように、蘇我馬子は、敏達の合葬、用明の改葬に続き、堅塩媛の改葬と敏達陵での儀式によって、蘇我氏と天皇家との繋がりを徹底的に顕示したものと考えられる。

図28　鬼の俎・雪隠古墳（GYRO_PHOTOGRAPHY／イメージマート）

陵墓域の形成

梅山古墳築造から約半世紀後、梅山古墳の東隣にカナヅカ古墳が築造された。現在は消滅しているが、一辺約三五メートルの方墳で、埋葬施設は巨大な切石をきれいに積み上げた横穴式石室だったらしい（西光二〇〇〇）。立地と築造時期から、『延喜《えんぎ》諸陵寮式《しょりょうりょうしき》』に記載する「檜隈陵域内」の吉備姫王《きびつひめのおおきみ》墓と考えられる。吉備姫王は皇極の母で、欽明の孫にあたる。梅山古墳の隣に吉備姫王墓を築造したのは、埋葬を主宰した皇極の意志であろう。

カナヅカ古墳の東にある鬼の俎・雪隠古墳は、現在、石槨《せっかく》の底石だけがもとの位置に残ったものを鬼の俎板と呼び、転落して上下が逆様になった蓋石を鬼の雪隠と呼んでいる。本来は、両者が組み合わさって石槨となり、内部に棺が納められた（図28）。石槨はもともと東西に二基並んでいたが、東石槨は細かく分割されて持ち出されており、その一部は、奈良県立橿原考古学研究所附属博物館にひっそりと露出展示されている。これらの石槨は、一つの長方墳の埋葬施設であり、合葬墓であったとみられる。六六〇年頃に築造されたこの古墳の被葬者は、中大兄皇子の嫡子で、斉明四年（六五八）五月に八歳で夭折した建皇子《たけるのおうじ》と、建皇子との合葬を望んだ斉明（皇極）であった可能性が高い。そうすると、鬼の俎・雪隠古墳は建皇子の墓ではあるが、斉明の寿陵としても築造されたことになる。母の吉備姫王墓の隣に斉明自身の陵を築造したのだ。なお、東石槨は、西石槨よりも内法で長さが二九㌢、幅が一八㌢小さい。また、西石槨の扉石が底石に乗せてはめ込む構造なのに対し、東石槨の扉石は地面に置いて単純にふさぐ簡単な造りになっている。構造の差が被葬者と関係するならば、より立派な西石槨に斉明が埋葬され、東石槨に建皇子が埋葬されたと考えられる。

現地に残る鬼の俎・雪隠は有名だが、持ち出された東石槨を知る人はあまりいないだろう。博物館を訪れた際には、ぜひ見て行ってほしい。

陵墓造営の背景

このように、梅山古墳を起点とする陵墓群は、斉明（皇極）が整備したものだ。そして、その並びに造られたのが天武陵であり、のちに持統も合葬された。それではなぜ、斉明は梅山古墳を重視した陵墓域を整備したのだろうか。梅山古墳が敏達陵ならば、敏達と吉備姫王には直接的な繋がりはなく、むしろ敏達の曾孫にあたる皇極との関係が浮かび上がる（図29）。つまり、皇極が敏達陵を重視したのは、皇極自身の正統性を示すために吉備姫王墓を利用したのではないかと思われる。

当時、皇位継承の有力候補として、皇極の嫡子中大兄皇子のほかに、舒明の皇子で蘇我蝦夷・入鹿が推す古人《ふるひとの》大兄皇子と上宮王家の山背大兄皇子がいた。とくに、古人大兄皇子とは血統的に似た状況にあり、古人大兄皇子との差別化と中大兄の優位化を図るためには、母である皇極自身の権威付けと正統性の主張が必要だった。というのも、皇極は舒明の皇后ではあったものの、天皇の三親等にあたり、これは大后の前例と比べて血筋が劣る。さらに女帝に限れば、皇極が即位したこと自体疑われるほどの血筋にすぎない（原島一九八三）。だから、中大兄皇子へ皇位継承するためには、皇極自身の正統性を主張する必要があったのだ。

しかも、『日本書紀』によれば、舒明十三年（六四一）十月丁酉（九日）に舒明が崩御した直後から、蘇我蝦夷・入鹿による専横が目立っている。舒明は、皇極元年（六四二）十二月壬寅（二十一日）に滑谷岡《なめはざまのおか》に埋葬されたが、この年、蘇我蝦夷は祖廟を葛城《かつらぎ》の高

図29　飛鳥時代の皇統（重見二〇二〇）

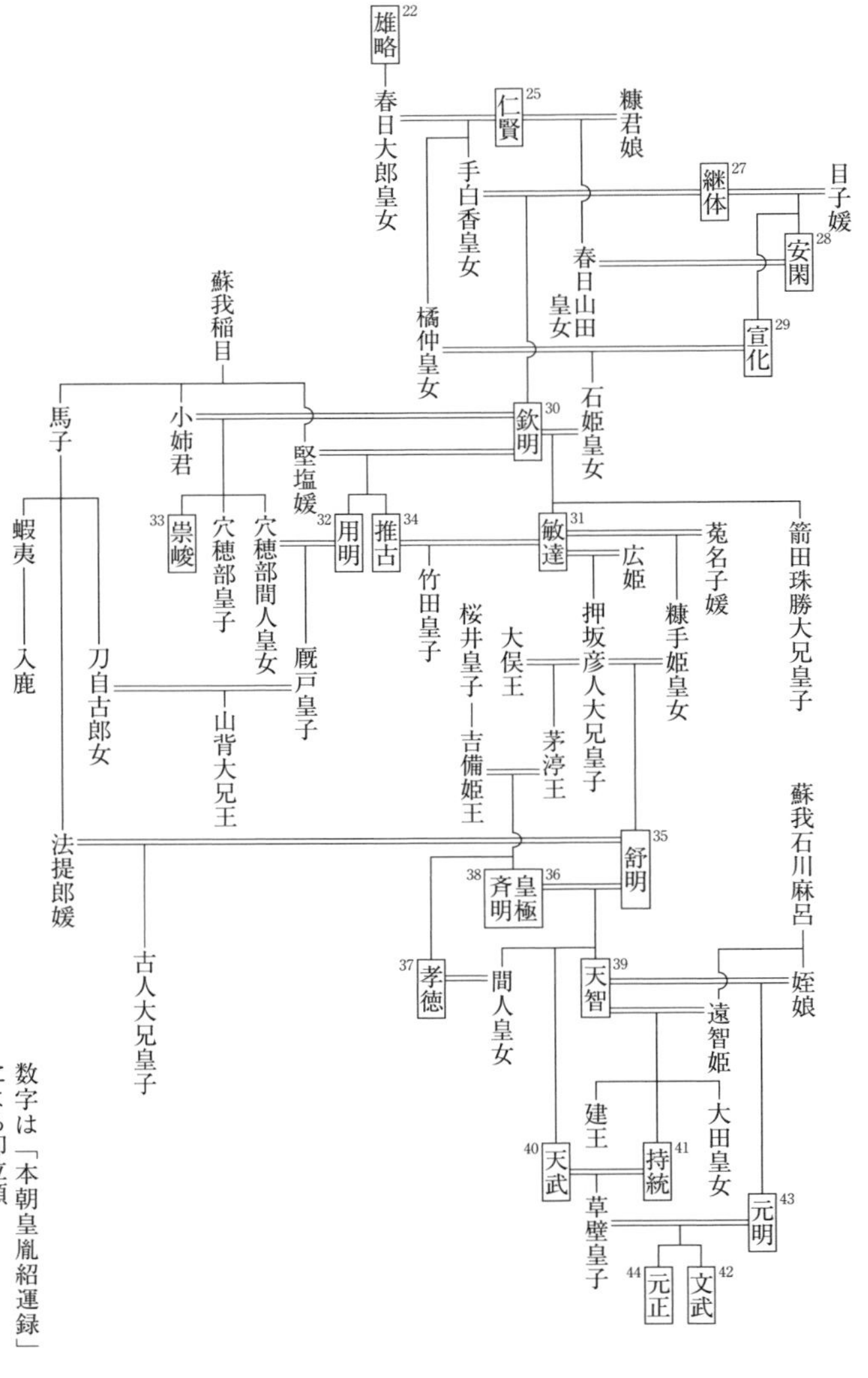

数字は「本朝皇胤紹運録」による即位順

宮に立て、天子の特権とされる八佾《やつら》の儛《まい》を行い、さらには、国の民、部曲《かきべ》を勝手に使役して今来《いまき》に蝦夷と入鹿のために双墓を造って、それらを「大陵」「小陵」と呼んだ。また、上宮の乳部《みぶ》の民を造墓に使役したことに対し、上宮大娘姫王《かみつみやのいらつめのみこ》は憤り嘆いている。蘇我氏による一連の行動が舒明崩御から埋葬までの期間に行われているのは決して偶然ではなく、この時期を見計らって興したものと考えるべきであろう。

吉備姫王が死去し、檀弓岡《まゆみのおか》に埋葬されたのは、蘇我氏による専横記事の翌年（六四三）九月のことである。そして、その墓所として選定されたのは、舒明・皇極につながる皇統のうえで重要視すべき敏達陵の隣接地であった。これは、前年の蘇我氏による権威誇示の行動に対応したものと考えられ、「大陵」「小陵」の築造を目の当たりにした皇極が、自身の正統性を示すための行動をとったのはむしろ当然だ。皇極としては、迅速にかつ効果的に自身を権威づけ、皇統を正統化する必要性があったのである。同年九月に舒明を押坂陵《おしさかのみささぎ》に改葬したのものその一環であろう。

このような状況において、仮に梅山古墳を欽明陵だったとしよう。欽明には蘇我稲目の娘二人との間に、天皇に即位した用明・崇峻・推古という三名もの子がいるため、蘇我氏にとって欽明は皇統との繋がりを主張する上で重要な存在なのだ。推古二十年（六一二）

二月、稲目の娘で、欽明の妃だった堅塩姫が欽明陵に改葬された際に、大々的に誄が執り行われたのは、欽明との繋がりを強調することで蘇我氏の権威を誇示するための行為にほかならない。皇極が、欽明陵の隣に吉備姫王墓を造って欽明との繋がりを強調すれば、欽明の存在はますます重要なものとなり、相対的に蘇我氏の権威付けに繋がってしまう。蘇我馬子の娘の法提郎媛《ほほてのいらつめ》を母にもつ古人大兄に有利に働くことはあっても、皇極の嫡子中大兄にとっては不利益でしかないのだ。

おもしろき今城の創出

このようにみてくると、梅山古墳を軸とする陵墓域は皇極（のちの斉明）によって創りだされたものであり、それは皇極自身およびその系譜を正統化するために重要な空間であったといえる。のちに、皇極の皇統を継ぐ天武陵がその延長線上に築造されたのは、こういった空間的特性があったからにほかならない。

ところで、建皇子は、「今城谷」の上で行われた殯儀礼の後に、「今城」に埋葬された。「今城」は斉明朝の建皇子埋葬に関わる記事にしか登場しない地名だ。角川日本地名大辞典『奈良県』は、「今来」を今木・今城と同じものとみるが、七〜八世紀の上代特殊仮名遣いでは、「来」と「木」「城」は厳密に区別されているので、「今城」と「今来」は別の地域である。また、吉野郡大淀町今木を「今城」にあてる見解もあるが、飛鳥の王宮から約一〇キロも離れた今木に建皇子との繋がりはなく、同時代の皇子女の墓が飛鳥周辺にあることを勘案すると遠すぎる。

「城」は特定の意味でのみ使用される語で、この場合は「墓」「墓域」の意味であり、「今城」は「今の墓域」「新しい墓域」を意味する。健皇子が埋葬された斉明の寿陵は、まさに新しい陵墓である。ただし、建皇子墓である鬼の俎・雪隠古墳一帯が、斉明（皇極）の皇統を正統化するために重要な葬地であって特殊な地域性を帯びていることや、斉明（皇極）がその特殊化を図ったとみられることを勘案すると、葬地の整備、特殊化にあわせて、梅山古墳を軸とする葬地一帯を「今城」と呼んだ可能性が高い。斉明四年（六五八）十月の紀温湯《きのゆ》行幸時の悲傷歌に「おもしろき　今城の中は」とあるのは、今城谷一帯の景観が勝れて美しいと讃えるものだ（鉄野一九九一）。すなわち、「今城」は陵墓域一帯の名称であり、築造予定の斉明陵を中心として、新たに創出された特別な墓域を意味するものと考えられる。

梅山古墳の南側に位置する平田キタガワ遺跡では、七世紀前～中頃の築造と考えられる石敷と石積護岸された池状の遺構が検出されている（図30）。宮内庁が管理する現吉備姫

図30　平田キタガワ遺跡（奈良県立橿原考古学研究所提供）

王墓にある猿石は、梅山古墳の外堤に置かれていたものだが、本来は平田キタガワ遺跡の苑池に置かれていたという意見もある（今尾二〇〇八、亀田二〇〇〇）。平田キタガワ遺跡の池や石敷は、梅山古墳を重視し、特殊な陵墓空間の整備を図った斉明（皇極）による一連の築造であった可能性がある。飛鳥の陵墓が並ぶ空間には、一般的な住居などは確認されておらず、通常の陵墓には存在しない石造物や石敷、池の築造が行われるなど、景観的にも特殊な地域であった。「おもしろき　今城」という表現は、こういった特殊な景観を詠ったものと思われる。

蘇我蝦夷・入鹿の双墓

蘇我氏による一連の専横記事のなかで、蝦夷と入鹿は自分たちの墓を天皇陵のように「大陵」「小陵」と呼んだとあるが、そもそも、蘇我氏の専横記事は、『日本書紀』編纂時の文飾とみて事実ではないという見解がある（倉本二〇一六、水谷二〇〇六）。しかし、推古二十年（六一二）の堅塩媛の改葬に伴う儀礼が、蘇我の本拠地である軽の街において、しかも、多くの蘇我氏の同族を引率して盛大に挙行されたように、政治的立場の上では盤石とも思える馬子でさえ、蘇我氏の権威誇示のための演出をしているのだ。だから、皇位継承の不安定な皇極朝において、蘇我蝦夷・入鹿が自らを権威づけ、それを象徴的に示すことは決してありえないことではない。

権威を象徴的に示すという意味では、政治的関係性を示していた古墳は恰好のモニュメントだ。「陵」と呼んだだけではなく、蝦夷・入鹿の墓の規模や構造は、実際に天皇陵に近いものだった可能性は十分にあるだろう。そこで注目されるのは、甘樫丘《あまかしのおか》の南端に位置する小山田《こやまだ》古墳である（図31）。小山田古墳は、大きな石を敷き詰めた大規模な掘り割りと、板石積の墳丘で構築された一辺約八〇メートルの大型方墳である。七世紀中頃の築造であり、当該期の国内最大級の方墳だ。『日本書紀』皇極三年（六四四）十一月条にあるように、甘樫丘は、「上の宮門」、「谷の宮門」と呼ばれた蝦夷と入鹿の邸宅が建てられ

図31　小山田古墳の掘り割り（奈良県立橿原考古学研究所提供）

た丘で、蘇我勢力の中心地だ。こういった場所に造られた巨大なモニュメントは、蘇我氏との繋がりのなかでこそ理解されるものだから、蝦夷の「大陵」にあたる可能性が高い。実際に「大陵」と称したかどうかは別にしても、天皇陵と想定してもおかしくないほどの規模と構造は、周囲に「陵」そのものという印象を与えるには十分である。

一方で、墳丘に室生安山岩の板石を積み上げる構造は、舒明の改葬陵とされる桜井市段《だん》ノ《の》塚《づか》古墳と類似するため、小山田古墳は、舒明が最初に埋葬された滑谷岡の初葬墓とみなす見解がある（図32）。だが、掘り割りは古墳築造からさほど時を置かずに埋め戻されていて、天皇陵として維持管理された形跡がないのは疑問だ。ただし、『日本書紀』では、

図32　段ノ塚古墳の板石積み（宮内庁書陵部提供）

舒明の初葬地の滑谷岡を「陵」とは記しておらず、仮埋葬地であることを強調したとみられる（重見二〇一九）。これを、蘇我勢力の中枢部に引き入れられてしまった舒明陵を天皇陵として認めたくなかった表れだとすれば、だからこそ、小山田古墳は天皇陵として扱われず早々に埋め戻され、初葬からわずか九か月後には改葬された、という説明も成り立たなくもないが、それならば、滑谷岡への初葬を『日本書紀』に記述しなければよいし、記述するにしても、蘇我氏の専横をもっと強調しただろう。

薄葬化から火葬へ

飛鳥の陵墓の造営は、皇統の正統化や権威付けという極めて強い政治的意図による行為であった。巨大な前方後円墳の造営が終わっていても、陵墓の造営と、そこでの葬送儀礼が果たす機能や期待される役割はまだまだ大きかったのだ。だが、この状況を大きく変えたのが火葬の導入である。

『続日本紀』によれば、「天下の火葬」は、文武四年（七〇〇）三月十日に入寂した道昭の荼毘《だび》に始まる。天皇として最初に荼毘に付されたのは大宝二年（七〇二）十二月に崩御した持統であり、殯の後の大宝三年十二月十七日に飛鳥岡で火葬され、天武が埋葬された大内山陵に合葬された。そして、続く文武・元明・元正の三代が火葬されている。持統は、「素服・挙哀すること勿れ。内外の文武の官の釐務《りむ》は常の如くせよ。喪葬の事は、務めて倹約に従へ」（『続日本紀』大宝二年十二月二十二日条）と遺詔し、造陵だけでなく喪葬儀礼の倹約とともに、官人に対して平常通りの職務遂行を命じている。持統は火葬の導入とともに薄葬化を進めたのである。薄葬化は従来の葬送儀礼が果たしてきた機能や役割を相対的に低下させるものであり、葬送儀礼に対する価値観を転換させることにつながる。持統は薄葬化によって皇位継承と直結するそれまでの葬送儀礼に対する価値観の転換を図るとともに、「天下の火葬」を導入することで陵墓を利用した皇統の正統化という論理を否定したものと推測される。これは持統に続く皇位継承を円滑にかつ確実に行うためであろう。

飛鳥と王権

飛鳥へのこだわり——飛鳥と王宮

舒明朝から持統朝にかけて、王宮は飛鳥に置かれ続けた。一時は難波と大津へ遷都したが、それでもまた飛鳥に戻ってきた。しかも、発掘調査の結果、それはほぼ同じ場所だということがわかった。その場所は、飛鳥寺の南に位置し、岡寺山のある東の山塊と、西を流れる飛鳥川、甘樫丘に挟まれた、およそ南北一キロ、東西四〇〇メートルの狭小な飛鳥盆地であり、ここに歴代の王宮が造営された。

飛鳥は、朝鮮半島の百済《くだら》や伽耶《かや》から渡来した倭漢氏《やまとのあやうじ》や今来漢人《いまきのあやひと》によって、五世紀代に開発された地域である。そして、六世紀前半の宣化朝に蘇我稲目が大臣に任命されて外交・財政面を担当するようになると、倭漢氏が実務的にそれを支え、両者の結びつきは強固なものとなった。その頃から、蘇我氏の家が飛鳥盆地の周囲に営まれるようになる。飛鳥盆地の北側にある小墾田と向原には蘇我稲目の家が、盆地南側の嶋には馬子の家が、甘樫丘には蝦夷・入鹿の家が建てられた。そして、崇峻元年（五八八）には、飛鳥盆地の北寄りに、蘇我氏の氏寺として飛鳥寺が造営された。このように、飛鳥は蘇我氏に押さえられていた地域であった。

飛鳥に王宮が遷ってくる始まりは、崇峻五年（五九二）十二月に、甘樫丘の北西に推古が豊浦宮を置いて即位したことだ。推古の母は、欽明の皇后で、蘇我稲目の娘の堅塩媛である。崇峻五年十一月に、蘇我馬子によって崇峻が暗殺された翌月に推古が即位したことを勘案すれば、推古の擁立とともに、王宮を飛鳥盆地に引き寄せたのは馬子であろう。推古はのちに、飛鳥盆地北側の小墾田宮に遷る。

続く舒明は、蘇我蝦夷に推されて即位し、飛鳥盆地の飛鳥岡本に宮を造営した。しかし、舒明は、舒明八年（六三六）六月に岡本宮の火災で田中宮《たなかのみや》に遷ると、舒明十一年（六三九）七月に百済大宮《くだらのおおみや》と百済大寺《くだらのおおでら》の造営を始め、翌年十月に百済大宮に遷った。桜井市吉備にある吉備池廃寺が百済大寺跡と考えられており、百済大宮もその付近にあったと考えられる。そこは六世紀代に王宮が置かれていた磐余《いわれ》の地域だ。舒明が蘇我氏から距離を置き、磐余に王宮を造営したのは、敏達からの皇統を強く意識していたからだと考えられている（和田二〇〇三）。

舒明が崩御すると、皇極元年（六四二）正月に皇后が皇極として即位した。即位した場所はわからないが、舒明を滑谷岡に埋葬した皇極元年十二月二十一日に、皇極は小墾田の仮宮に遷り、翌年四月に飛鳥板蓋宮に移った。この時には、正宮を出て一時的な滞在を言う「幸す」とあるので、板蓋宮は未完成だったと思われる。皇極朝において、蘇我氏の専横が著しいことは先に述べたところだが、王宮が再び飛鳥に戻されたのは、立場的に弱い皇極に付け込んだ蘇我氏の意向であろう。

このように、飛鳥盆地に王宮が置かれたのは、蘇我氏が自身の勢力圏に王宮を引き寄せたからだ。しかし、皇極四年（六四五）の乙巳の変で蘇我本宗家が滅亡し、難波遷都を経たのちにも、重祚した皇極（斉明）はまた飛鳥盆地に王宮を置いた。もちろん蘇我氏の意向ではない。飛鳥に還都したのは、王宮を元に戻すことで孝徳朝の政策を白紙にし、群臣らの不満を解消するためだ。

飛鳥の範囲

ところで、古代の飛鳥の範囲は、舒明から持統にいたる歴代の王宮が置かれた飛鳥盆地に限られると考えられることが多い。その範囲は、飛鳥寺から南で、橘寺や島庄《しまのしょう》よりも北の飛鳥宮跡までであり、飛鳥川西岸の川原寺を含むごく限られた地域である（岸一九八八、小澤二〇〇三）。だが、本来の飛鳥はもっと広かった。

飛鳥盆地は真神原《まかみのはら》と呼ばれた地域である。真神原は、崇峻元年（五八七）是歳条に「飛鳥衣縫造《きぬぬいのみやつこ》が祖樹葉《おやこのは》の家を壊ちて、始めて法興寺を作る。此の地を飛鳥の真神原と名く。亦は飛鳥の苫田《とまた》と名く」とあるように、法興寺（飛鳥寺）の場所のことであり、また、高市皇子の城上の殯宮での柿本人麻呂の挽歌に「明日香の　真神の原に　ひさかたの　天つ御門を　かしこくも　定めたまひて」（巻二―一九九）とあって、天武の御門である飛鳥浄御原宮が置かれた場所である。すなわち、真神原は飛鳥寺から飛鳥宮跡にかけて、現在の飛鳥から岡にかけての地域である。飛鳥宮跡の南側、石舞台古墳のある島庄一帯は「上桃原・下桃原」という真神原と併記される地名で、ともに渡来人が集住した地域である（『日本書紀』雄略七年是歳条）。

「飛鳥の真神原」とあるように、「真神原」の上位には「真神原」を含む広域名称の「飛鳥」が存在しており、飛鳥の一部地域が真神原だ。つまり、古代の飛鳥は、飛鳥寺から飛鳥宮跡一帯を指す真神原よりも広いのだ。

飛鳥の神名火

飛鳥には、『万葉集』でも多く詠われているように神名火《かむなび》があった。神名火は神のいますところであり、「霊峰富士」というように山の例をよくみかけるが、川や淵でもあって各地に存在した。その表記には「神名火」「神名備」「神南備」「神奈備」「甘南備」などがある。『万葉集』の神名火のうち、飛鳥と特定できるものは一三例である。神名火は普通名詞だが、飛鳥の神名火に関しては固有名詞化していて、「神名火」といえば飛鳥の特定の場所を想起できたようだ。しかも、一三例のうち一〇例が山なので、飛鳥の神名火といえば、ある山を思い浮かべたらしい（上野一九九七）。

現在、飛鳥の神名火といえば、飛鳥寺の東の丘陵上の小字「神奈備」に鎮座する飛鳥坐神社である。飛鳥坐神社は『延喜式』神名帳にある大社飛鳥坐神社四座であり、『日本書紀』朱鳥元年（六八六）七月癸卯（五日）の「飛鳥四社」と同じものと考えられている。天長六年（八二九）に賀美郷甘南備山から鳥形山に遷座しており、元禄十一年（一六九八）に現在地に遷された。鳥形山は飛鳥池遺跡の西にある丘陵「ミノヤブ」にあたり、それより前に鎮座していた「甘南備山」が古代飛鳥の神名火山である。

万葉歌によると、飛鳥の神名火山は飛鳥を展望できる場所であり、飛鳥川がその麓を帯

図33　飛鳥川の飛び石

のように流れていたようだ（図33）。そして、神名火山に対しては、飛鳥川の上流に渡してある人工的な飛び石の石橋があるところという固定観念があった（西宮一九七六）。神名火山は神代より言い継いできたもので、みだりに立ち入ることのない「人の守る山」（『万葉集』巻一三─三二二二）である。大和を代表する神名火の三輪山がそうであるように、死の穢れを避けて古墳を造ることはなかったと考えられる。さらに、「わご大君の　夕さ

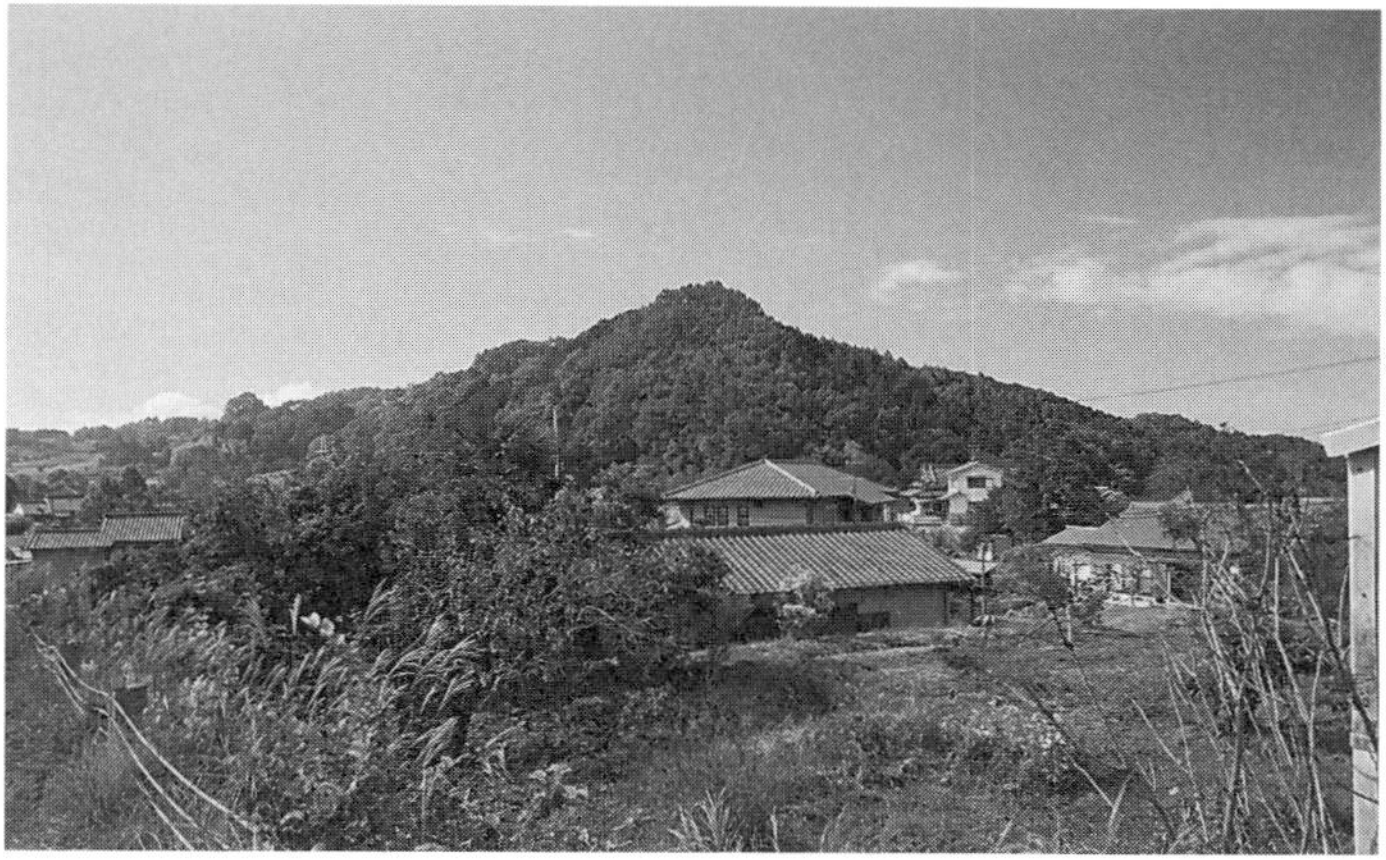

図34　東から眺めたフグリ山

れば　見し給ふらし　明けくれば　問ひ給ふらし　神岳の」（『万葉集』巻二―一五九）とあるように、飛鳥浄御原宮から天武が朝に夕に眺めていた山であった。

これらの条件をすべて満たすのが、飛鳥宮跡の南正面にある通称フグリ山だ。この丘陵には「ミワ山」という字名があり、注目されてきた。宮から眺めると、低くなだらかな丘陵で何の特徴もないが、宮が置かれる以前から存在する聖地本来の正面はこちらではない。五世紀後半頃にこの地域を開発した渡来人が集住し、六世紀後半に大型方墳の都塚《みやこづか》古墳が造られた阪田方面から眺める姿は、実に見事な円錐形であり、まさに典型的な神名火山の姿である（図34）。観光コースからは外れるが、ぜひ足を延ばして眺めてみてほしい。古代の飛鳥はこの神名火山を含む名称であり、それは橘や坂田付近にまで広がる広域名称であった。

「出雲国造神賀詞《いずものくにのみやつこのかんよごと》」（『延喜式』巻八祝詞）には、大穴持命《おおなもちのみこと》とその子の御魂を大倭国の神奈備に置き、皇孫命《すめみまのみこと》の近き守神とするとある。その神奈備の一つが飛鳥の神名火である。神名火山は、南面する飛鳥の王宮から常に眺めることができ、天皇を守護するものと位置づけられていた。これが飛鳥の小盆地に王宮を置き続けた理由の一つであろう。

水の司祭者

白雉五年（六五四）、中大兄が皇祖母尊（のちの斉明）らを率いて難波から遷った飛鳥河辺行宮《あすかのかわべのかりのみや》は、フグリ山の南東麓にある飛鳥稲淵宮殿《あすかいなぶちきゅうでん》跡だと考えられる（図35）。中大兄らがまず神名火山に接して宮を置いたのは、なかばクーデターのように飛鳥還都を断行した自分ちの守護を期待したためだろう。

飛鳥稲淵宮殿跡のある一帯は、「南淵《みなぶち》の坂田寺」（『日本書紀』用明二年四月丙午条）とあるように、「南淵」と呼ばれた地域だ。ちなみに、飛鳥は南淵をも含むさらに広域の名称だ。皇極（皇祖母尊）は、皇極元年（六四二）八月に、旱《ひでり》に対して、南淵の河上で自ら祈雨を行って大雨を降らし、人々から「至徳まします天皇なり」と讃美され、天皇としての徳を高めている。神名火山の麓にある神聖な場所で、雨を主る司祭者を演じたのだ。

図35　飛鳥稲淵宮殿跡（奈良文化財研究所提供）

水源を支配することは、大王（天皇）に期待される重要な能力の一つだ。桜井市纒向《まきむく》遺跡や葛城市南郷《なんごう》大東《おおひがし》遺跡では、祭祀場と考えられる古墳時代の導水施設が見つかっており、これを模した埴輪が、大型前方後円墳の三重県松阪市宝塚一号墳や大阪府羽曳野市誉田御《こんだご》廟山《びょうやま》古墳の陪塚とみられる狼塚《おおかみづか》古墳などから出土している。導水施設は、囲いや覆屋で閉ざされた空間にあることから、そこでの祭祀は秘儀であり、被葬者は水の祭祀を行う司祭者であったことを示している（白石二〇〇七b）。

飛鳥宮跡の隣接地にも特徴的な導水

図36　酒船石遺跡の導水施設と石敷広場（明日香村教育委員会提供）

施設がある。亀形石槽が見つかった酒船石遺《さかふねいし》跡だ（図36）。切石を積み上げた湧水施設から、おそらく木樋などを通して流された水が小判形の石槽を満たすと、きれいな上澄みの水が反対側の穴から流れ出て、亀形石槽の頭部の穴から体部の石槽へ流れ込む。水は尻尾部の穴から排水され、石敷の間の水路を通って場外へ出ていく。周囲は石敷の広場であり、その東側にはスタジアムの観客席のような階段や通路がある。絶えることなく流れ出る湧水は、天皇が水源を支配することを演出するうえで最高の環境だ。

その水源となっているのが、飛鳥宮跡の東にある岡寺山だ。岡寺山に連なる山塊は複数の流路の源流となっており、現在でも主要な

図37　前期難波宮北西の水利施設（大阪市文化財協会提供）

灌漑用水として利用されている。そのため、岡寺山には龍神伝説があって水への信仰が顕著に認められ、水神祭祀の聖域として認識されている。岡寺山一帯は、水の支配という、天皇（大王）であるための能力を示すために、是非とも押さえておきたい重要な場所なのだ。

近年の調査で、飛鳥宮跡内郭の北西に隣接する飛鳥京跡苑池の北池から、酒船石遺跡の石槽を彷彿させる湧水・導水施設が見つかった。また、難波長柄豊碕宮の北西部でも湧水施設が確認されている性を示す重要な施設として位置づけられていた可能性もあり、注目される。（図37）。飛鳥時代以前の王宮において、こういった湧水・導水施設が大王（天皇）の正当

服属儀礼の舞台

帝国の支配者として徳が高いほど、周辺地域に及ぼす影響が大きく、周縁地域からその支配者を慕ってくるという思想がある。これは中国王朝の中華思想をもとにするもので、王化思想という。斉明五年（六五九）七月戊寅（三日）の遣唐使の派遣記事によると、「道奥の蝦夷《えみし》男女二人を以て、唐の天子に示《み》せたてまつる」とあり、この遣唐使がわざわざ蝦夷を唐に連れて行ったのは、未開状態の人々が倭国に入貢するほど天皇の徳が高いことを、唐の皇帝に示すためだったと考えられる。

斉明四～六年（六五八～六六〇）にかけて、阿倍比羅夫《あべのひらふ》が日本海沿いで蝦夷征討を行い、それとほぼ同時期に陸奥国でも太平洋沿いに北征が行われている。この時の遠征は、蝦夷の風俗を観察し、服属・朝貢を促すことが目的だったとされる（熊田二〇〇二）。斉明五年（六五九）三月甲午（十七日）条に「甘檮丘の東の川上に、須弥山を造りて、陸奥と越との蝦夷に饗たまふ」とあるように、遠征の成果として蝦夷を朝貢させ、甘樫丘の東の川上、つまり、飛鳥寺西の広場付近において服属儀礼を行っている（図38）。飛鳥寺西では、斉明朝から持統朝にかけて、覩貨邏《とから》人（覩貨邏は現在のアフガニスタン北部周辺地域）、蝦夷、

隼人らを饗宴しており、そこは服属関係を確認する場であった。飛鳥の中央ともいえる飛鳥寺西での服属儀礼は、小帝国の頂点にあるべき天皇の徳を群臣らに効果的に示すものであり、天皇としての正当性を演出する行為であった。

斉明朝の朝貢で注目されるのは、吉野宮《よしののみや》の造営だ。吉野宮は、後飛鳥岡本宮、両槻宮《なみつきのみや》、狂心渠と人工の丘陵などに続けて、斉明二年に造営された。古代において、吉野は奈良盆

図38　石神遺跡出土の須弥山石（東京国立博物館蔵，Image: TNM Image Archives）

地とは異なる文化や習俗のある異郷と捉えられており、『古事記』の神武伝承では、吉野には尾のある「井氷鹿」と「石押分の子」(国巣の祖)が登場し、『日本書紀』応神十九年十月条では、吉野宮行幸に際して、国巣《くず》が来朝して醴酒を献上し、歌を奏上したと記す。国巣は、皇位継承に伴う大嘗祭において、隼人とともに御贄を奉り、歌舞を奏上した。これは、服属を示す儀礼的形態として採り入れられたものと考えられている(岡田一九九二)。斉明の吉野宮は、吉野町の宮滝《みやたき》遺跡だと考えられており、そこは国巣が住んだとされる吉野町国栖・南国栖・窪垣内・新子一帯のすぐ近くだ(図39)。天皇支配の象徴である王宮を異郷に造ることで、国巣による貢上を演出するねらいがあったのだろう。

飛鳥の空間構造

このようにみてくると、飛鳥は、天皇の正当性・正統性を示すために重要な要素の集合体だ。すなわち、飛鳥宮の南には、天皇を守護する神名火があり、飛鳥宮の東にある飛鳥岡は、天皇による水の支配を演出し、天皇(大王)としての能力を誇示するために重要な場所であった。さらに、飛鳥宮の西方には、斉明の皇統を正統化する陵墓域の「今城」が創出された。そして、飛鳥寺西の広場では、天皇の徳を示すための服属儀礼が行われた。まさに、飛鳥は天皇のための空間であり、それを整備したのが斉明だ。『日本書紀』斉明四年(六五八)十一月壬午(三日)条で、蘇我赤兄《あかえ》に

「三失」と批判された斉明朝の大土木事業は、斉明が天皇としての正当性を示すための空間造りでもあったのだろう。斉明が飛鳥に王宮を置いたのは、前政権の否定という消極的な理由からではあったが、斉明は、自身を守護し、正統化するために飛鳥の空間的特性を積極的に利用したのだ。

図39　宮滝遺跡周辺（西から）（梅原章一氏撮影）
写真中央で，吉野川が右（南）に大きく湾曲した内（左）側が宮滝遺跡。写真の北端一帯が国巣の居住地とされる。

国宝銅製船氏王後墓誌《ふなしおうご》では、舒明を「阿須迦《あすか》宮治天下天皇」「阿須迦天皇」と表記し、『上宮聖徳法王帝説』では、皇極を「飛鳥天皇」と表記するように、飛鳥は天皇を特定するための名称となっており、「阿須迦宮治天下天皇」とあるように、飛鳥の宮といえば大王宮を意味した。そして、『続日本紀』にみえる薨卒伝の系譜記事において、「飛鳥朝」というのは飛鳥浄御原宮の朝廷を指す。飛鳥に初めて宮を造営した舒明の岡本宮が、『日本書紀』の表記で飛鳥を冠していないように、飛鳥＝天皇という認識は舒明朝当初からあったのではなく、王宮が連続して造営されたことによって定着したものだ。そのきっかけを作ったのが斉明である。斉明が飛鳥を天皇のための空間として整備したのであり、そのことが天武・持統朝を飛鳥朝と認識させ、飛鳥＝天皇という認識を形成したのだ。

天武・持統の都城構想

〝真都〟の造営

新城への遷都計画

天武は斉明の後飛鳥岡本宮《のちのあすかおかもとのみや》を継承し、大安殿と大極殿という公的空間の正殿を増築することで、段階的に王宮の構造改革を行った（本書「大極殿の創出」参照）。その一方で、天武五年（六七六）には「新城」への遷都を画策するも中断しており、天武十一年（六八二）になって再び遷都計画が出ている。天武十三年（六八四）三月九日には、「宮室之地」を決定しており、「高市皇子、藤原の宮地を観す」（『日本書紀』持統四年〈六九〇〉十月壬申〈二十九日〉条）とあるように、この「宮室」とは藤原宮《ふじわらきゅう》のことだ。つまり、天武は、自身の宮として藤原宮への遷都を計画していたのだ。だが、それを果たせぬまま崩御してしまった。

天武九年（六八〇）に発願された本薬師寺の中門および参道の真下で、藤原京の西三坊坊間路と、建物や塀が見つかっている。藤原京への遷都は持統八年（六九四）だが、天武九年頃までには条坊道路の施工と宅地利用が進んでいたことがわかる。また、藤原宮内でも、藤原宮の建設よりも前に敷設された宮内先行条坊と、建物、区画塀、井戸などが見つかっている。条坊道路によるこの街区こそ、天武が遷都しようとした新城だ。藤原宮から南へ一・八キロほど離れた左京十一条二坊でも、天武朝前半頃には条坊道路が施工されたと考えられることから、遷都計画が再開される天武十一年までには、新城はかなり広範囲に施工されていたようだ。

藤原宮内先行条坊には、付け替えられた形跡があることから、これが、天武五年と十一年にみられる新城の二度の建設記事に対応するという指摘がある（寺崎二〇〇二、小澤二〇〇三）。確かに、『日本書紀』天武五年是歳条には「新城に都つくらむとす。限の内の田園は、公私を問はず、皆耕さずして悉くに荒れぬ。然れども遂に都つくらず」というように、遷都の計画と中断を記すが、発掘調査で確認された新城は、少なくとも、天武九年頃までには、先行条坊のある宮域をはるかに越えた広範囲に存在するだけではなく、宅地利用まで進んでいて、長期の工事中断を示す状況はない。ましてや、「遂に都つくらず」というような、手付かずの状態ではないのだ。だから、天武五年と十一年の記事は、新城自体の造営やその中断を言っているのではない。

「新城に都つくらむとす」というのは、新城への造都記事であって、ここでいう「都」は、新城に造営しようとした「宮処《みやこ》」、つまり、のちの藤原宮のことだ。天武十一年（六八二）の造都記事のなかで、宮廷内の事を掌る宮内官大夫が地形調査に派遣されているのは、宮の造営だからにほかならない。

都とはなにか

『日本書紀』で「都」の用語としての使われ方をみてみると、そのほとんどが遷宮に関する記述であり、「難波《なにわ》に都つくる。是を高津《たかつ》宮と謂す」（仁徳元年正月己卯〈三日〉条）、「都を倭国の磯《し》城《き》郡の磯《し》城《き》嶋《しま》に遷す。仍りて號けて磯《し》城《き》嶋《しま》金《のか》刺《なさし》宮《のみや》とす」（欽明元年七月己丑〈十四日〉条）というように、「都」は宮のことを意味する。王宮の所在地である「ミヤコ」という意味では、「都」の他にも「京」が用いられているが、「京」は、宮の所在する一定の地域や場所といった広い空間を含める場合に使用されるのに対し、「都」は天皇の御在所の場所という狭い意味でのみ用いられている。『続日本紀』天平十六年（七四四）正月条に、「恭仁《くに》・難波の二京、何をか定めて都とせむ」とあり、「二京」から「都」を選んでいるように、京と都は区別されるもので、天皇の居所が「都」なのだ。天皇の居所は、すなわち天皇の正宮に他ならない。奈良の都、京の都というと、京域である街区を含めた平城京や平安京をイメージするが、『日本書紀』の「都」はあくまでも天皇がいる宮処のことであって、街区の有無は関係ないのだ。

遷都計画の断念

発掘調査の成果によると、新城と呼ばれた街区の造営は天武朝初頭には始められており、大きな中断もなく進められたようだ。新城の整備がある程度形になってきた天武五年に、天武は王宮の造営に着手し、王宮の大まかな範囲を設定したものの、結局、造営計画は頓挫してしまった。この王宮こそ、天武朝の象徴となるべき真の都だ。天武崩御後に藤原宮として完成したその姿は、難波長柄豊碕宮《なにわながらとよさきのみや》を彷彿させるもので、難波長柄豊碕宮の規模と構造を元に設計されている。天武は、孝徳朝が目指した新たな君臣秩序の構築を実現しようとしたのだ。

即位にあたって、天武が後飛鳥岡本宮に内郭前殿を増築したのは、天皇が群臣よりも上位にあることを視覚的に示し、君臣関係を認識させるためだ（本書「大極殿の創出」）。その上で、天武は新城への造都に着手しようとしたのだが、天武六年（六七七）六月是月条の東漢氏《やまとのあやうじ》への警告にみられるように、天武朝に対する政治的な反発は収まっていなかった（前章）。このような社会的背景の下で、君臣秩序を具現化するような新たな王宮の造営を進めれば、群臣らのさらなる反発を招くのは必至だ。たとえ立派な王宮が完成したとしても、実効性に欠けることは目に見えている。それでは孝徳朝の二の舞だ。だから、天武は新城への造都を断念せざるを得なかったのだろう。

真の王宮造営へ

新城への造都計画を断念する一方で、天武は豪族層の官人化政策を進めていく。天武二年（六七三）五月朔には大舎人《おおとねり》の制を定め、中央豪族が官僚になるには、まず禁中で天皇に仕えることとし、その才能に適した官職につけるようにした。そして、天武七年（六七八）十月己酉（二十六日）には、官人の勤務成績を評価し、それに応じた官位を与える方法を定めている。また、皇族・豪族・寺院の経済基盤にもメスを入れる。天武四年（六七五）二月己丑（十五日）には、天智朝に与えられた豪族私有民の部曲《かきべ》を廃止し、天武五年（六七六）四月辛亥（十四日）に、諸王・諸臣に支給する封戸の税を、都の西国から東国に変えることで、受給者である封主と封戸との間の部曲に似た主従の関係性の解消を図っている。さらに、天武八年（六七九）四月、天武九年（六八〇）四月、天武十一年（六八二）三月にも食封《じきふ》制を改革していき、給与である食封は国家から支給されるものだという制度を整えていく。

このようにして、天皇に仕え、国家に帰属するという意識が人々に浸透していく中で、大極殿《だいごくでん》であるエビノコ郭正殿が造られた。エビノコ郭は、群臣をはじめ、朝廷に参集する支配対象すべてに対して、天皇による支配体制を認識させるための舞台装置であり（本書「大極殿の創出」）、君臣秩序を徹底させるための、王宮構造改革の総仕上げだ。「太極殿」に通じる「大極殿」は宇宙の中心を象徴するもので、天皇が支配体系の中心にいることを示す殿舎名だが、殿舎を「大極殿」と呼ぶだけで天皇の正統性が担保されるわけではない。崇高なコンセプトも、人々の認識が伴っていなければただの箱にすぎないのだ。

天武は、飛鳥浄御原宮《あすかきよみはらのみや》において着実に構造改革を行い、天武十一年（六八二）、再び真都造営に着手する。

宮室とはなにか

『日本書紀』によると、天武十三年（六八四）三月九日に「宮室之地」を定めたとあることから、この時に藤原宮の位置が決定したという見解が多い（岸一九八八、林部二〇〇一）。だが、藤原宮の中軸に沿って開削された、藤原宮造営のための運河から出土した木簡の内容をみると、運河の近くには天武十一年頃から天皇に近侍する公的機関が存在した可能性が高く、少なくとも、天武十三年よりも前に藤原宮の造営は始まっていたと考えられる。

発掘調査で確認された瓦の製作段階によって、藤原宮の造営は、宮の中枢部の建設よりも、宮の周りを囲む大垣周辺から先行して着手されていることがわかっている（石田二〇一二）。だから、天武十三年に位置が決まった「宮室」というのは、藤原宮全域のことではなく、藤原宮のなかでも内裏、大極殿といった中枢部のことを言っているのだ。

『日本書紀』朱鳥元年（六八六）正月乙卯（十四日）条に、「難波の大蔵省に失火して、宮室悉くに焚けぬ。」とあり、前期難波宮にはその時の火災痕跡が内裏や朝堂などの中心部では認められるが、東方官衙にはその痕跡がなく、火災が及んでいない。このことから、「悉くに焚けぬ」とある「宮室」は宮域の中枢部を指していることがわかる。また、長岡京への遷都に際して、「宮室草創して、百官未だ就らず」とあり、宮室と諸官司を区別している（『続日本紀』延暦四年九月丙辰条）。『日本書紀』天武十二年（六八三）十二月条に「都城・宮室」とあって、両者の区別は明確だが、平城京・平城宮という区別とは同義ではないのだ。

藤原宮の建設が外郭から進む中、天武は宮中枢部である「宮室」の地を決定した。平城宮や恭仁宮、紫香楽宮《しがらきのみや》の造営では、大垣の完成は遷都後に大幅にずれ込んでおり、まずは中枢部の建設から始められるのが通常のあり方だ。造都の核である中枢部の計画だけが遅れたとは考えられないから、宮全体の計画や設計は、天武十一年（六八二）の造都再開までには策定されていたはずだ。通常の造営順序に反して、大垣がある程度整ってから「宮室」の地を定めたのは、条坊街区の中央に置かれた藤原宮の、さらにその中心を定めるための演出とみられる。それは、「宮室」が、王都である藤原京の中心にあることを強調する行為であり、天皇が支配体系の中心にいることを顕示するためのセレモニーであろう。おそらく、支配の正当性を示す「大極殿」の位置を天武自身が決定することに、重要な意味があったものと推測される。

飛鳥浄御原宮と新城

新城の街区は、飛鳥浄御原宮と補完的、一体的な関係にあるもので、少なくとも天武十一年（六八二）に造都が再開されるまで、宮の想定がなかったという見解がある（仁藤一九九八、相原二〇一七）。しかし、天武五年（六七六）の新城への造都記事が宮の造営計画であることは本章で述べた通りであり、天武が即位する時には、従来の天皇（大王）と同じように、自身の王宮として、新宮の造営を計画していたものと考えられる。

その意味で、飛鳥浄御原宮はあくまでも仮の王宮であった。飛鳥浄御原宮という正式名称が、天皇が崩御する間際の朱鳥元年（六八六）まで決定しなかったのはそのためだと考えられる。天武は、飛鳥浄御原宮に正殿を増築して、天皇が支配体系の頂点にいることを認識させる意識改革を行ったが、そのためには即位から十年もの歳月が必要だったのである。それは、天武の真都である藤原宮を成立させるための構造改革でもあった。

天武十年（六八一）二月二十五日、天武は、大極殿において律令の編纂を命じ、同じ日には、草壁を皇太子にしている。そして、翌十一年三月、新宮の造営を開始する。国家の根幹たる律令の編纂と草壁の立太子を同時に行ったことを勘案すると、天武のための造都ではあるが、造営着手のタイミングから、次期天皇である草壁に引き継ごうとする意志があったものと推測される。

大極殿の完成

天武の崩御

宮室の地の決定後、持統四年（六九〇）まで造宮記事が途絶えており、その間、造都は中断されたとみられる。なぜなら、宮室の地の決定後まもない朱鳥元年（六八六）九月に天武が崩御したからだ。天武の殯宮《もがりのみや》は飛鳥浄御原宮の南庭に建てられ、殯は大内陵に天武が埋葬される持統二年（六八八）十一月まで行われた。さらに、持統三年（六八九）四月には皇太子の草壁も薨《こう》じてしまった。天武の真都であり、それを引き継ぐはずの草壁まで薨じたとあっては、造宮事業を中断せざるを得なかっただろう。

持統四年（六九〇）正月、天武の皇后であった鸕野讃良《うののさらら》が即位すると、持統四年十月二十九日には、高市が藤原の宮地を視察し、十二月十九日には持統自ら宮地に行幸した。天武の意志は持統によって引き継がれ、造宮事業は再開されたのだ。

京師から新益京へ

新城で宮の造営が始まると、新城は「京師《けいし》」と呼ばれるようになり、天皇の居処となる宮室を定めると今度は「新益京《しんやくのみやこ》」と呼ばれた。飛鳥の都に加えて、新たに益した京という意味だ。この場合も、宮処のある地域という意味だから、たまたま条坊街区はあるものの、京の範囲を示すような条坊の有無は関係がない。そして、持統が常居する王宮はまだ飛鳥浄御原宮だから、新益京で宮室の造営が進んでいても、そこはまだ「都」ではなかった。

宮域を言う場合は、「藤原の宮地」と言って「新益京」とは区別しており、「新益京の路」（『日本書紀』持統六年正月戊寅〈十二日〉条）とあるように、「新益京」は宮周辺のいわゆる京域のことを言っている。これは、現在、藤原京と呼んでいるものだが、前述したように、藤原京という歴史的な用語はなく、明治時代に喜田貞吉が付けた学術用語である。

持統五年（六九一）十月二十七日には新益京で鎮祭が行われた。これは造都再開を示すものとみられ、横大路の路面では、地鎮とみられる遺構が検出されている（今尾二〇〇八）。地鎮遺構は、平面七〇チセン×四二チセン、深さ七〇チセンの土坑を掘って植物の葉を敷き、底に穴を開けた口径二〇・四センチの土師器の鍋を置いて、その上に曲物の側板をのせ、軒丸瓦の瓦当面（文様のある部分）で蓋をしていた。さらに、軒丸瓦の蓋は、手のひらサイズの二つの石ではさんで固定されていた。鎮祭が行われた時点ですでに条坊の施工が進んでいたようであり、鎮祭の二か月後には宅地班給記事がみえる。ここにいたって、正式に宅地が班給された。

図40　大極殿院南面回廊下でみつかった地鎮具（奈良文化財研究所提供）

持統六年（六九二）五月には難波王らを派遣して藤原宮地で鎮祭を行い、伊勢、大倭、住吉、紀伊の大神に新宮造営を報告し奉幣している。大極殿院南門の西に取り付く回廊下では、須恵器平瓶に水晶と富本銭を納めた地鎮遺構がみつかっており、この時の鎮祭と関連するとみられている（図40、奈良文化財研究所二〇〇八）。持統六、七年までは藤原宮地への視察、行幸であったものが、持統八年からは藤原宮への行幸となる。この頃までには宮としての形が整ってきたものと推測され、持統八年（六九四）十二月に藤原宮に遷居した。

藤原宮の成立

藤原宮の構造は、君臣秩序を具現化した難波長柄豊碕宮の構造を基本に設計されている（本書「大極殿の創出」）。藤原宮の大極殿は、難波長柄豊碕宮の「中庭」の朝堂にあたる区域に配置されており、そこは本来、大王宮の一郭にある群臣の空間だ。藤原宮では、群臣の空間に天皇が出御する大極殿を配置して天皇の独占的空間とし、天皇による支配体系を象徴する一郭を造り上げている。藤原宮大極殿は、広大な朝堂に対する正殿に位置づけられるもので、律令制支配を象徴する構造として、のちの都城にも継承されていく。大極殿の完成だ。

藤原宮大極殿は、群臣の場を天皇出御の空間とし、独立した区画をもつ朝堂の正殿として大極殿を創出した、飛鳥浄御原宮の構造改革を踏まえたものにほかならない。難波長柄豊碕宮で目指した君臣秩序の具現化は、飛鳥浄御原宮における公的空間の整備を経て、ようやく実現したのだ。飛鳥浄御原宮は、天武の真都である藤原宮に対して仮の王宮といえるものだが、藤原宮を成立させるための構造改革の場であり、都城の基礎を造り上げた宮として評価することができる。

図41　復元された平城宮第一次大極殿

藤原宮大極殿は、遷都のたびに平城宮、恭仁宮へと移築された（図41、小澤二〇〇三）。遷都に際して、瓦や柱などの建築資材を再利用することは珍しいことではない。例えば、藤原宮大垣の柱は、平城宮第一次大極殿東面築地回廊の排水用暗渠の木樋として再利用されている。ただ、殿舎をそのまま移築することは珍しい。

絶対的存在の大極殿

平城宮には、藤原宮大極殿が移築された中央区と、藤原宮の構造をほぼそのまま踏襲した東区がある（図42）。遷都当初に造られた東区朝堂には、藤原宮と同じく十二堂が配置されるが、その構造はまったく違う（図43）。平城宮東区朝堂は、そもそも藤原宮のような礎石建ちではなく、掘立柱建物だ。藤原宮と平城宮東区の朝堂を比べると次のとおり。

東第一堂
　藤原宮　桁行九間（一一八尺）×梁行四間（四八尺）　四面庇建物
　平城宮　桁行九間（九〇尺）×梁行五間（四八尺）　四面庇建物
東第二堂
　藤原宮　桁行一五間（二一〇尺）×梁行五間（四八尺）　東西庇建物（西側に孫庇）
　平城宮　桁行一二間（一二〇尺）×梁行三間（三〇尺）　西庇建物（庇は増設）
東第三堂
　藤原宮　桁行一五間（二一〇尺）×梁行四間（三八尺）　東西庇建物
　平城宮　桁行一二間（一二〇尺）×梁行三間（三〇尺）　西庇建物（庇は増設）
東第四堂
　藤原宮　桁行一五間（二一〇尺）×梁行四間（三八尺）　東西庇建物
　平城宮　桁行一七間（一七〇尺）×梁行三間（三〇尺）　西庇建物（庇は増設）
東第六堂
　藤原宮　桁行一二間（一六八尺）×梁行四間（三八尺）　南北庇建物

平城宮　桁行一二間（一二〇尺）×梁行四間（四〇尺）　南北庇建物

両者は同じ間数でも規模がまったく違う。また、藤原宮では、規模と構造によって、第一堂＞第二堂＞第三・四堂と差をつけるのに対し、平城宮では、第一堂と第二堂以下で顕著な差をつけている。このように、平城宮では、王宮としての基本構造・殿舎配置は踏襲するが、個々の建築設計は藤原宮とは別物だ。その中にあって、大極殿だけは、礎石ごとそっくりそのまま移築されている。そこには特別な意図があるとみるべきだろう。

ちなみに、延暦三年（七八四）の長岡宮への遷都時には、後期難波宮の大極殿と朝堂院が移築されているが（中尾一九九五）、この時は、遷都に伴う困惑や強い不満から、平城京に鎮京使を置くほど緊迫した世情があったため、平城宮には手を付けずに陪都の難波宮を移築することで、迅速に遷都を成

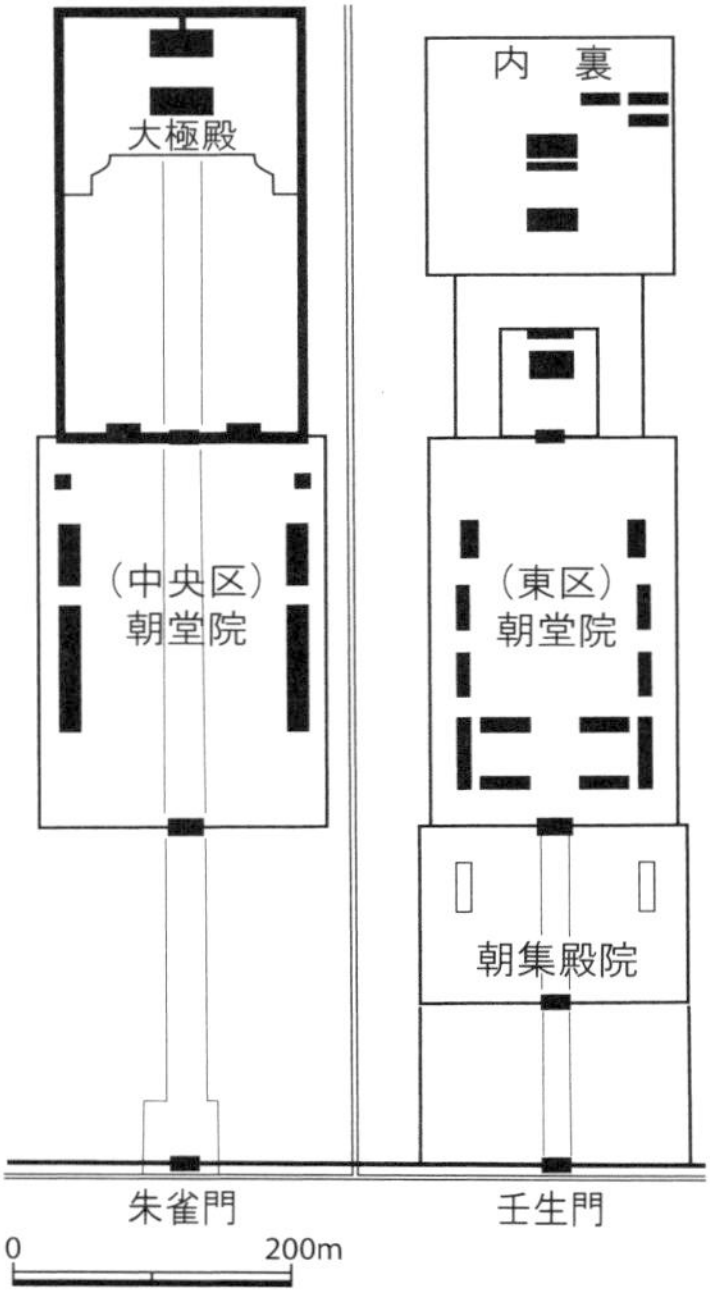

図42　平城宮（前半）

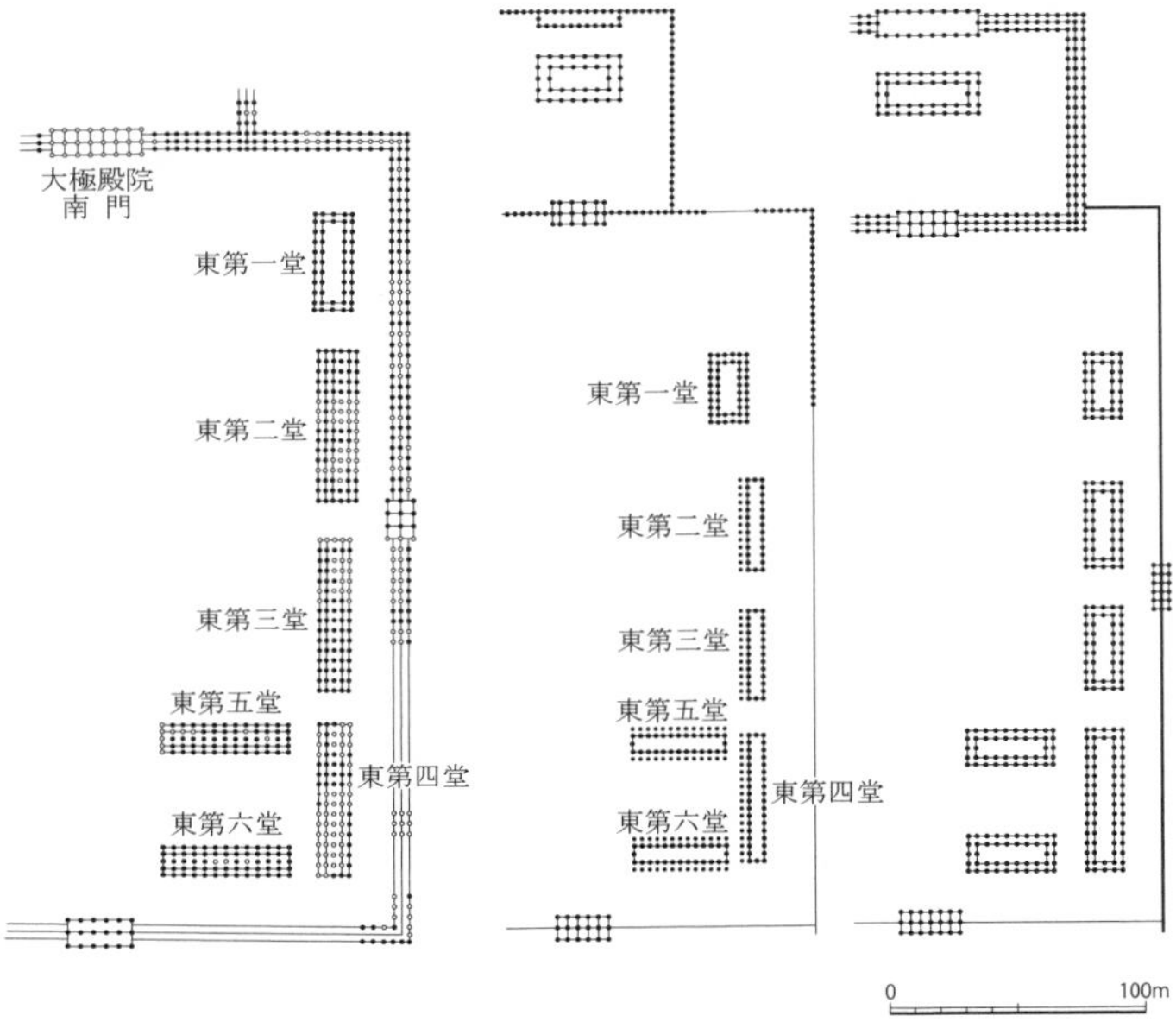

図43　藤原宮（左）と平城宮の朝堂（中：前半，右：後半）

しとげるための戦略だったとみられている（清水一九八六、山中一九九七）。

藤原宮大極殿が平城宮、恭仁宮へと移築されたのは、大極殿が唯一無二の絶対的な存在と認識されていたからにほかならない。大極殿は、天武が苦心して創り上げた殿舎だ。藤原宮大極殿は、単に天皇を象徴する殿舎というだけではなく、神格化された天武との繋がりを顕示し、皇統の正統性を示す殿舎として特別な存在であったのだろう。

神亀三年（七二六）に、聖武が

難波宮造営に着手したのは、天智・天武天皇の皇位を継承する正当な天皇であることを示すためだと考えられている(栄原二〇一五)。聖武が、藤原宮から移築された平城宮大極殿を恭仁宮に移築したのも(『続日本紀』天平十五年〈七四三〉十二月辛卯条)、天武に続く皇統を顕示するためであり、引いては、恭仁宮に都としての正当性を付加するためであろう。

浄御原令から大宝律令へ

藤原遷都は持統八年(六九四)だが、藤原宮の朝堂を囲む東面回廊の完成は、建設用の溝に廃棄された木簡の記述から、大宝三年(七〇三)以降であることがわかっている。大極殿のことも、文武元年(六九七)八月の文武の即位記事にはみえず、文武二年(六九八)の元日朝賀で初めて『続日本紀』に登場するので、大極殿は少なくとも遷都時には建設中であり、文武即位後に完成したのだろう。藤原宮の中枢部であっても遷都後に建設が続けられ、一〇年経っても完成していなかったのだ。また、内裏の東に隣接する東官衙は、大宝元年(七〇一)三月の大宝令施行後に、全面的に改造されたことが発掘調査で判明している。藤原宮が都であったのは、七一〇年の平城遷都までの一五年余りだが、常にどこかで建設工事が行われているような状態だったようだ。

藤原宮内裏東官衙の改造は、官司制度を大幅に変更、整備した大宝令の施行が契機になったと考えられている（寺崎二〇〇二）。天武十一年（六八二）に造営に着手された藤原宮の設計は、その前年に編纂が開始された飛鳥浄御原令に定められた行政機構に基づいているため、大宝令で官司制度が変更されると、その改変に応じて官衙施設が改造されたのだ。

藤原宮朝堂は、建設中に梁行の設計を変更している。東第二堂は四間から五間に、東第三・四堂は五間から四間にしており、東第四堂に関しては、礎石を据え、柱を建てるための足場まで組んでからの変更だ。この変更は第一堂と第二堂、第二堂と第三・四堂に差をつけるものであり、官司制度の改変に応じた計画変更の可能性もあるが、平城宮よりもむしろ難波長柄豊碕宮の朝堂と共通する。行政機構だけではなく、身分秩序をより反映した構造にしたのだろう。大宝元年（七〇一）正月十六日に朝堂で皇親と百寮を饗宴しているが、朝堂院東回廊の造営が大宝三年までは続くので、大宝元年までに朝堂十二堂すべてが完成していなかったのかもしれない。

天武の複都制構想

複都制とは

『日本書紀』天武十二年（六八三）十二月庚午（十七日）条に、「凡そ都城・宮室、一処に非ず、必ず両参造らむ。故、先づ難波に都つくらむと欲ふ。是を以て、百寮の者、各往りて家地を請はれ」とある。天武は、造営中の藤原宮のほかにも都の設置を計画していたのであり、まずは難波から着手するという。このように、複数の都・京を置く国家の制度を複都制と呼んでいる（瀧川一九八六）。以下では、天皇が常居する都を主都、常居しない都を副都と呼ぼう。天武十三年（六八四）二月二十八日には、廣瀬王《ひろせのおおきみ》・大伴連安麻呂《おおとものむらじやすまろ》とともに判官・録事・陰陽師・工匠等を畿内に派遣して都の候補地を視察し、同日には、三野王・小錦下采女臣筑羅等を信濃にも派遣して、副都候補地の地形を調査している。

天武の複都制については、藤原京を中心にして西に難波宮、東に信濃宮を配して中央政府の威を張り、それぞれの都で、天皇代理が地方豪族の朝参を受け、畿内（＝藤原京）でさらに朝参を受ける二段構えの国土統治構想だったという見解がある（栄原二〇〇三）。

しかし、畿内は、「京及び畿内」（天武五年九月乙亥条）、「京師及び四畿内」（持統六年閏五月丁酉条）とあるように、「京」「京師」とは区別されるもので、持統六年（六九二）の「京師」は、のちの新益京（藤原京）のことだから、副都の候補地として使者が派遣された畿内は藤原京のことではない。すなわち、天武は、主都の藤原宮を中心として、難波宮、畿内、信濃の、少なくとも三か所に副都の設置を想定していたことになる。畿内とは、大倭国、河内国、摂津国、山背国のことで範囲は広いが、陰陽師と工匠まで派遣していることから、候補地はかなり絞られていたのだろう。

詔《みことのり》では、都城・宮室は「一処に非ず、必ず両参」造るものだといっているので、藤原宮と副都の関係は一体的なものと認識されていたことがわかる。「必ず両参」とあるが、従前の王宮においては前例がないため、長安と洛陽という二京を置いた隋唐都城に倣ったものという指摘がある（村元二〇二二）。

副都を設置する目的は何だったのだろうか。関連記事は上記のものしかないため、複都制の実態は分からないことが多いが、副都として最初に手を付けた難波宮の機能は手掛かりになるだろう。

難波宮からみた副都の機能

難波は、古くから一貫して、外交使節の迎接の場であるように、難波宮の最大の特徴は、外交施設として機能したことだ（舘野二〇一〇）。例えば、飛鳥還都後の斉明元年（六五五）七月十一日には、越の蝦夷九九人と陸奥の蝦夷九五人、百済の調使一五〇人を難波長柄豊碕宮で迎接しているし、天武二年（六七三）九月二十八日に、新羅の賀騰極使《ひつぎよろこぶるつかい》（天皇の即立を祝う使者）金承元らを難波で饗宴したとあるのも、難波宮での迎接とみられる。筑紫において、詔を受けた筑紫大宰河内王らが新羅の送使金高順らを迎接しているように（『日本書紀』持統四年〈六九〇〉十月戊午〈五日〉条）、難波宮の迎接では、難波宮の管理とともに外交的職務を担った摂津職大夫が、天皇に代わって儀礼を執り行ったものと考えられる。

難波宮の機能を重視して副都に位置づけたとすれば、副都の目的の一つは外交拠点の整備にある。それでは外交の相手は誰か。六六三年に、白村江で唐・新羅連合軍に大敗した後、唐との外交はおよそ三〇年間も断絶する。その間、外交相手のメインであったのは、遣使来朝が二七回、日本からの使節派遣も一〇回に及び、毎年のように外交使節が往来した新羅だ。

新羅の脅威

六六八年、唐は新羅とともに高句麗を滅ぼすと、今度は新羅を鶏林都護府と命名して属領化を図った。これに反発した新羅は、高句麗遺民の反乱を援助して抵抗を続け、六七六年には、唐の勢力を排除することに成功した。

新羅が実質的勝利を収めたという情報は、天武七年（六七八）に筑紫に到着し、翌年正月一日に入京した新羅送使から伝えられたものと思われる（図44）。朝貢国と位置付けている新羅が、かつて日本が大敗を喫した唐に勝利したという事実は、日本にとって脅威以外のなにものでもない。その翌月には、二年後の「辛巳の年」にあわせて親王・諸臣及び百寮らの兵馬を備えるよう命じており、これ以降、『日本書紀』には、新羅の侵攻に備えた軍備拡充記事が頻出する（直木二〇〇五）。

新羅が対唐戦争の終結を確信し、日本に正式に伝えてきたのは天武八年（六七九）十月十七日の新羅使だろう。それまではついていた送使の護衛がなく、通常の遣使よりも官位の高い阿飡《あさん》金項那の派遣はそのためだと考えられる。この遣使朝貢直後の同年十一月に、龍田山と大坂山に関を置き、難波に羅城を築いているのは新羅への強い警戒感の現れとみ

図44　新羅使の往来と日本の対応

年号 西暦	月日	日　本	新　羅　※丸囲いの数字は官位 高　麗（報徳国）
天武7 678	是年		【新羅】新羅使⑨・⑩ら遭難。新羅送使奈末⑰加良井山・奈末金紅世，筑紫へ。
天武8 679	1.5		【新羅】新羅送使奈末加良井山・奈末金紅世，入京。
天武8 679	2.1		【高麗】桓父・師需婁ら新羅使に送られ朝貢。
天武8 679	2.4	「辛巳の年に及りて，親王・諸臣及び百寮の人どもの兵及び馬を検校へむ。故，豫め貯へよ」	
天武8 679	8.11	「乗馬の外に，更細馬を設けて，召さむ随に出せ」 「群卿の儲けたる細馬を，迹見驛家の道の頭に看して，皆馳走せしめたまふ」	
天武8 679	10.17		【新羅】阿湌⑥金項那・沙湌⑧薩虆生ら朝貢。調物十余種と別物献上。
天武8 679	11	「初めて関を龍田山・大坂山に置く。仍りて難波に羅城を築く」	
天武9 680	4.25		新羅使金項那等を筑紫で饗応。→6月5日帰国
天武9 680	5.13		【高麗】卯問・俊聴ら新羅使に送られ朝貢。
天武9 680	9.9	「因りて大山位より以下の馬を長柄杜に看す」	
天武9 680	11.24		【新羅】沙湌⑧金若弼・大奈末⑩金原升，調進。習言者3人も従う。
天武10 681	4.17		高麗使卯問らを筑紫で饗応。→5月26日帰国
天武10 681	6.5		新羅使金若弼らを筑紫で饗応。→8月20日帰国
天武10 681	7.4	大使小錦下采女臣竹羅・小使當麻公楯らを新羅へ派遣。 大使小錦下佐伯連廣足・小使小墾田臣麻呂らを高麗へ派遣。	
天武10 681	9.3	高麗・新羅への遣使ら拝朝。	
天武10 681	10.20		【新羅】沙喙一吉湌⑦金忠平・大奈末⑩金壹世ら朝貢。調物各数有り。別物献上。

天武10 681	10	「親王より以下及び群卿，皆軽市に居りて，装束せる鞍馬を検校ふ。小錦より以上の大夫，皆樹の下に列り坐れり。大山位より以下は，皆親ら乗れり。共に大路の隨に，南より北に行く。新羅の使者，至でて告げて曰さく，「国の王薨せぬ」とまうす」	
天武10 681	12.10		河邊臣子首を筑紫に派遣し，金忠平らを饗応。
天武11 682	1.11		新羅使金忠平らを筑紫で饗応。→2月12日帰国
天武11 682	5.16	高麗使佐伯連廣足・小墾田臣麻呂ら帰朝報告。前年9月以降出国。	
天武11 682	6.1		【高麗】高麗使毛切・昂加ら新羅使に送られ方物貢ぐ。
天武12 683	10		【高麗】報徳王安勝，新羅神文王から官位蘇判，姓金氏を賜り，京師へ留め置かれる。（『三国史記』神文王3年10月）
天武12 683	11.4	「諸国に詔して，陣法を習はしむ」	
天武12 683	11.13		【新羅】沙飡⑧金主山・大那末⑩金長志，調進。
天武12 683	12.17	「凡そ都城・宮室，一処に非ず，必ず両参造らむ。故，先づ難波に都つくらむと欲ふ。是を以て，百寮の者，各往りて家地を請はれ」	
天武13 684	2.24		新羅使金主山らを筑紫で饗応。→3月23日帰国
天武13 684	2.28	「淨廣肆廣瀬王・小錦中大伴連安麻呂，及び判官・錄事・陰陽師・工匠等を畿内に遣して，都つくるべき地を視占しめたまふ。是の日に，三野王・小錦下采女臣筑羅等を信濃に遣して，地形を看しめたまふ。是の地に都つくらむとするか」	
天武13 684	4.20	大使小錦下高向臣麻呂・小使小山下都努臣牛甘らを新羅へ派遣。	
天武13 684	閏4.5	「凡そ政要は軍事なり。是を以て，文武官の諸人も，務めて兵を用ゐ，馬に乗ることを習へ。…」	
天武13 684	閏4.11	「三野王等，信濃國の圖を進れり」	
天武13 684	5.28	大使三輪引田君難波麻呂，小使桑原連人足を高麗に派遣。	
天武13 684	11		【高麗】安勝の族子大文が金馬渚で謀叛。平定後，金馬郡とし国人を南州郡へ配置。（『三国史記』神文王4年11月）

天武13 684	12.6	唐留学生土師宿禰甥・白猪史寶然，百済救援戦争で捕虜となっていた猪使連子首・筑紫三宅連得許ら，新羅の大奈末金物儒に送られ帰国。	
天武14 685	5.26	高向臣麻呂・都努臣牛甘ら新羅から帰国。（前年4月20日出発）	
天武14 685	9.11	宮處王・廣瀬王・難波王・竹田王・彌努王を京及び畿内に遣して，各人夫の兵を校へしめたまふ。	
天武14 685	9.20	三輪引田君難波麻呂ら高麗から帰国。（前年5月28日出発）	
天武14 685	10.10	「輕部朝臣足瀬・高田首新家・荒田尾連麻呂を信濃に遣して，行宮を造らしむ」	
天武14 685	10.12	「淨大肆泊瀬王・直廣肆巨勢朝臣馬飼・判官より以下，幷て二十人を以て，畿内の役に任す」	
天武14 685	11.2	「儲用の鐵一萬斤を，周芳總令の所に送す。是の日に，筑紫大宰，儲用の物，絁一百匹・絲一百斤・布三百端・庸布四百常・鐵一萬斤・箭竹二千連を請す。筑紫に送し下す」	
天武14 685	11.4	「大角・小角・鼓・吹・幡旗，及び弩・抛の類は，私の家に存くべからず。咸に郡家に収めよ」	
天武14 685	11.27		【新羅】波珍飡④金智祥・大阿飡⑤金健勳，政請・調進。
朱鳥元 686	1	「新羅の金智祥に饗たまはむが為に，淨廣肆川内王・直廣参大伴宿禰安麻呂・直大肆藤原臣大嶋・直廣肆境部宿禰鯽魚・直廣肆穂積朝臣蟲麻呂等を筑紫に遣す。	
朱鳥元 686	4.13	「新羅の客等に饗たまはむが爲に，川原寺の伎楽を筑紫に運べり」	
朱鳥元 686	4.19		新羅の進調百余種を筑紫から貢上。別物献上。
朱鳥元 686	9.9	天武崩御	
持統元 687	1.19	「直廣肆田中朝臣法麻呂と追大貳守君苅田等とをして，新羅に使して，天皇の喪を赴げしむ」 →持統２年に出国・到着か？	
持統元 687	9.23		【新羅】王子金霜林・級飡⑨金薩慕・級飡⑨金仁述・大舎⑫蘇陽信等，國政奏請・調賦献上。留学僧智隆が従い帰国。筑紫大宰が天皇の崩御を告げる。
持統２ 688	2.2		筑紫大宰，新羅の調賦十余種・別物八十余種献上。
持統２ 688	2.10		新羅使金霜林らを筑紫館で饗応。→２月29日帰国

られる。

そして、新羅の脅威を増幅させたのが報徳国《ほうとくこく》の消滅だ。新羅は、百済故地への侵攻の際に、新羅に投じていた高句麗嗣子安勝を旧百済の金馬渚（大韓民国全羅北道益山市金馬面）の地に置き、六七一年八月一日に高句麗王に封じて高句麗国の再興をはかり、六七四年九月には安勝を報徳王に封じた。天武八年（六七九）以降に朝貢する高麗はこの報徳国のことだ。高麗使の朝貢は、新羅送使の監視のもとで行われたが、日本としては、高句麗遺民を中心とする報徳国と関係を保つことは、朝鮮半島への影響力を保持し、新羅を牽制するためにも重要であったと思われる。

六八三年十月、新羅の神文王は、安勝に対して、新羅の官位第三等である蘇判《そはん》に叙し、新羅王家の姓である金姓を下賜して京都に移した（『三国史記』新羅本紀巻第八、神文王三年十月条）。この処置によって安勝は新羅貴族制の中に吸収され、報徳国の主権は新羅に譲り渡された（村上一九七八）。

安勝に対する処置と報徳国が置かれた状況は天武十二年（六八三）十一月十三日に来日した新羅使金主山・金長志から伝達されたものと思われる。この新羅使が来日した一か月後の天武十二年十二月に複都制の詔が出され、天武十三年（六八四）二月二十八日に畿内と信濃の副都候補地へ視察団が派遣された。

複都制と外交戦略

反新羅勢力となりうる報徳国の事実上の滅亡は、新羅に対してさらなる脅威を抱かせるには十分である。その情報が伝達した直後に複都制の詔が出されたのは、増幅する新羅の脅威への対応であり、新羅との外交上、複都制が必要だと判断されたからだ。

天武十三年（六八四）四月の遣新羅使、同年五月の遣高麗使は、新羅と報徳国の実態調査であろう。『三国史記』によると、両遣使が各国に滞在中の六八四年十一月、安勝の族子（兄弟の子）で将軍の大文が起こした謀反をきっかけに、新羅の神文王は討伐を命じて城を陥落させ、報徳国の置かれた地を金馬郡として国人を南州郡に移らせている。これによって報徳国は完全に滅亡し、新羅は六八五年の三月頃までに金馬郡を管轄する完州を設置した。新羅は名実ともに朝鮮半島の統一を果たしたことになる。

その第一報を伝えたのは天武十四年（六八五）五月に帰国した遣新羅使とみられ、同年九月二十日に帰国した遣高麗使の報告によって日本はその実態を把握した。直後の同年十月十日には信濃に使者を派遣して行宮を造営し、同月十二日に泊瀬王《はつせのおおきみ》らを「畿内の役に任ず」とあるのは、いずれも新羅の動向に対応した副都造営に関わるものと思われる。そして、同年十一月二日に周芳総令所に鉄一万斤を送り、大宰府にも鉄一万斤や箭竹《やだけ》二千連をはじめとする大量の物資を送っているのも、新羅に近接する地域への措置であり、直木氏の指摘どおり、新羅の脅威への対策とみるべきだ。

報徳国が消滅してから最初の新羅使となった波珍飡《はちんさん》金智祥・大阿飡《だいあさん》金健勳は、天武十四年（六八五）十一月二十七日に来日している。波珍飡は官位第四、大阿飡は官位第五であり、新羅使の官位としては飛び抜けて高く、通常の遣使以上の任務を担っていたとみられる。その任務とは報徳国を吸収し、名実ともに朝鮮半島を統一したことの正式表明にほかならない。この新羅使は筑紫に留め置かれたが、日本は饗応のために使者を派遣するとともに、朱鳥元年（六八六）四月十三日には、川原寺の伎楽《ぎがく》をわざわざ筑紫に運んでいる。伎楽は、西アジア・インド・中国の呉国の要素が含まれる仮面音楽劇で、一セットにつき一四種類二三面の仮面が用いられたから、面を付けて舞う舞人のほか、楽器と演奏する楽人、衣装などの一式を筑紫に送ったのだろう。こういった対応は他に例がなく、この使者が日本にとっていかに特別であったのかを示している。

新羅の脅威に対応するうえでもっとも重要なのは、朝鮮半島から主都のある大和に至る経路への対処である。その一つは、瀬戸内を通る外交拠点の難波であり、難波宮が副都としてまず位置づけられたのはそのためだ。そして、もう一つ重要な経路に北路がある。

天皇支配を象徴する都

北路は、朝鮮半島から日本海を渡り、東北地方から山陰地方に来着して都へ向かう経路で、朝鮮半島北部の高句麗や渤海（六九八～九二七年）が頻繁に利用した。高句麗遺民を中心とする報徳国の消滅に脅威を感じた日本が、北路に対して何らかの対処をしたことは十分に想定される。副都候補地の信濃は、東山道と北陸道に通じる北路の要衝だ。同時に計画された畿内の副都とともに、北路から来朝する新羅使に対応し、あるいは新羅の侵攻に対処するための外交的・防衛的機関として計画されたのではないだろうか。貞観十四年（八七二）と元慶七年（八八三）に渤海使が北路で来朝した時は、山城国宇治郡山科村で郊労している（『日本三代実録』貞観十四年五月十五日条、『日本紀略』元慶七年四月二十八日条）。山科は北陸道・東山道・東海道へ通じる交通の要衝で、畿内の北の玄関口といえる場所だ。外交的機能を果たす副都候補地としてふさわしい。

このようにみてくると、天武の複都制は、新羅の侵攻と外交に備えるために、主都藤原宮に至る主要道に計画された外交拠点の整備であったと思われる。天皇支配を象徴する都の設置は、新羅の宗主国として臨むための舞台でもあり、来朝する新羅を朝貢国として強調し、演出するねらいがあったのだろう。あるいは、天武は、王化思想に基づく天皇の正当性を主張する装置としても目論んでいたのかもしれない。

継承されなかった複都制

報徳国の消滅を伝えた金智祥の来日から二年後の持統元年（六八七）九月二十三日、新羅使として王子金霜林が来日した。王子の派遣は日本との関係を良好に保つための意思表示と考えられ、朝貢国であった報徳国の消滅に対する日本の反感をかわすための新羅の対応とみられる。少なくとも、日本は、新羅がすぐに侵攻してくることはないと認識しただろう。

金霜林が来日した時には、朱鳥元年（六八六）九月の天武の崩御によって藤原宮の造営が中断されており、副都の造営計画も中断していたとみられる。新羅は、この頃から北進政策を展開し始めており、契丹の反乱を契機として、唐と接近政策をとるようになると、対日外交は疎遠になっていった（古畑一九八三）。

新羅の外交政策の転換と国際情勢に関する情報は、持統六・七年（六九二・六九三）の新羅使と遣新羅使によってもたらされ、持統九年（六九五）三月二日には、再び王子の金良琳が率いる新羅使が来朝した。これによって、日本は、当面の間、新羅が脅威とはならないことをほぼ確信したものと思われる。

藤原宮の造営再開は持統五年（六九一）十月だが、藤原宮と一体のものと認識されていた副都造営を、持統が継承した形跡はない。このことは、複都制が統治制度として必須のものではなかったことを示している。新羅の外交政策の転換と脅威の消滅によって、対新羅構想であった天武の複都制は不要のものとなったため、継承されなかったのだろう。

天武朝の都城

大宝二年（七〇二）、藤原京と大宝律令の完成をもって遣唐使を再開する。この遣使の目的は、中国からみた極東を意味する「日本」という国号を通知し、唐（当時は周）を中心とする国際秩序への参入を表明することだ（東野二〇一五）。東アジア世界に通用する律令と都城の整備が図られたのはそのためだ。天武朝の都城制が、目指すべき都城のあり方として、二京を置く隋唐都城にならったのだとすれば、藤原宮の造営再開時にあわせて、少なくとも、朱鳥元年（六八六）正月に焼失した難波宮の整備・再興が図られるはずだが、そうではなかった。天武の複都制は、単なる隋唐都城の模倣というものではなく、第一義として、新羅の脅威に備えるための手段だったのだ。複都制の詔では、都城・宮室を複数設置するのは当然のこととして、その目的を語らないが、朝貢国新羅の脅威に備えるために複数の都を置くというのでは、宗主国としても、天皇としても面子が立たない。だから、天武は中国都城を引き合いに出し、都城のあるべき姿とはそういうものだと詔したのではないだろうか。

難波宮は、複都制の詔によって「都」とされたものの、実際に難波宮における儀礼を取り仕切っているのは天皇代理の官人であった。難波宮内裏前殿が、藤原宮大極殿と同じ配置にありながら、平面プランを異にし、東西に脇殿を構えるという違いをみせるのはそのためだと考えられる。儀礼に臨む正殿を天皇の独占的空間として位置づけられないからだ。その意味でも藤原宮大極殿は、唯一無二の存在だったのである。

大極殿のその後――エピローグ

律令制都城の完成―平城京

慶雲四年（七〇七）二月、文武は五位以上の諸王臣に遷都のことを議論させた。大宝元年（七〇一）の元日朝賀で「文物の儀、是に備れり」と高らかに謳ってから、わずか六年後のことだ。大宝元年三月の大宝律令施行後には藤原宮《ふじわらきゆう》の東官衙を全面的に建て替え始めているし、朝堂の東面回廊の建設も大宝三年（七〇三）以降だから、藤原宮が完成していたとしても、間もない時期だ。このタイミングで文武に遷都を決断させたのは、三〇年ぶりに派遣された遣唐執節使の粟田真人《あわたのまひと》の帰国報告だろう。このときの遣唐使は、大宝元年（七〇一）正月に任命されて大宝二年（七〇二）二月に筑紫から出航、粟田真人は慶雲元年（七〇四）七月に帰国し、同年十月に拝朝している。

国際標準である律令と都城を整備し、東アジアの国際秩序へ参加すべく派遣された彼らが目にした長安城は、藤原京とは比べ物にならないほどの規模と都市構造を備えていた。長安城は東西九・七キロ、南北八・六キロで、宮城を北に配置し、中央のメインストリートである朱雀街の道幅は一五〇～一五五メートルもある。藤原京朱雀大路の路面幅は一八メートルにすぎない。長安城に関する情報は、大宝以前の遣唐使によって既に伝わっていたはずだ。だが、情報として知っていることと、その情報を王宮構造に導入することとは直結するものではない。王宮が極めて保守的であったことは見てきたとおりだ。

平城宮では、藤原宮から継承した朝堂院とは別に、朱雀門の奥にもう一つの朝堂院を設けており、その正殿として大極殿が置かれた。大極殿は塼積擁壁《せんづみようへき》の高台に建ち、高台の東西端には龍尾道《りゅうびどう》が取りつく。そして、大極殿の正面には、人々が参入し、列立するための広い空間が設けられた。龍尾道は唐長安城の大明宮含元殿に倣ったとされる。平城京の朱雀大路は、道路側溝の中心間距離が約七四メートルで、藤原京に比べると大幅に拡幅された（図45）。また、平城京南東隅にある越田池（現在の五徳池）は長安城の曲江池を、平城宮の北に隣接する松林苑は長安城の西内苑を意識したものと考えられているなど、平城京に

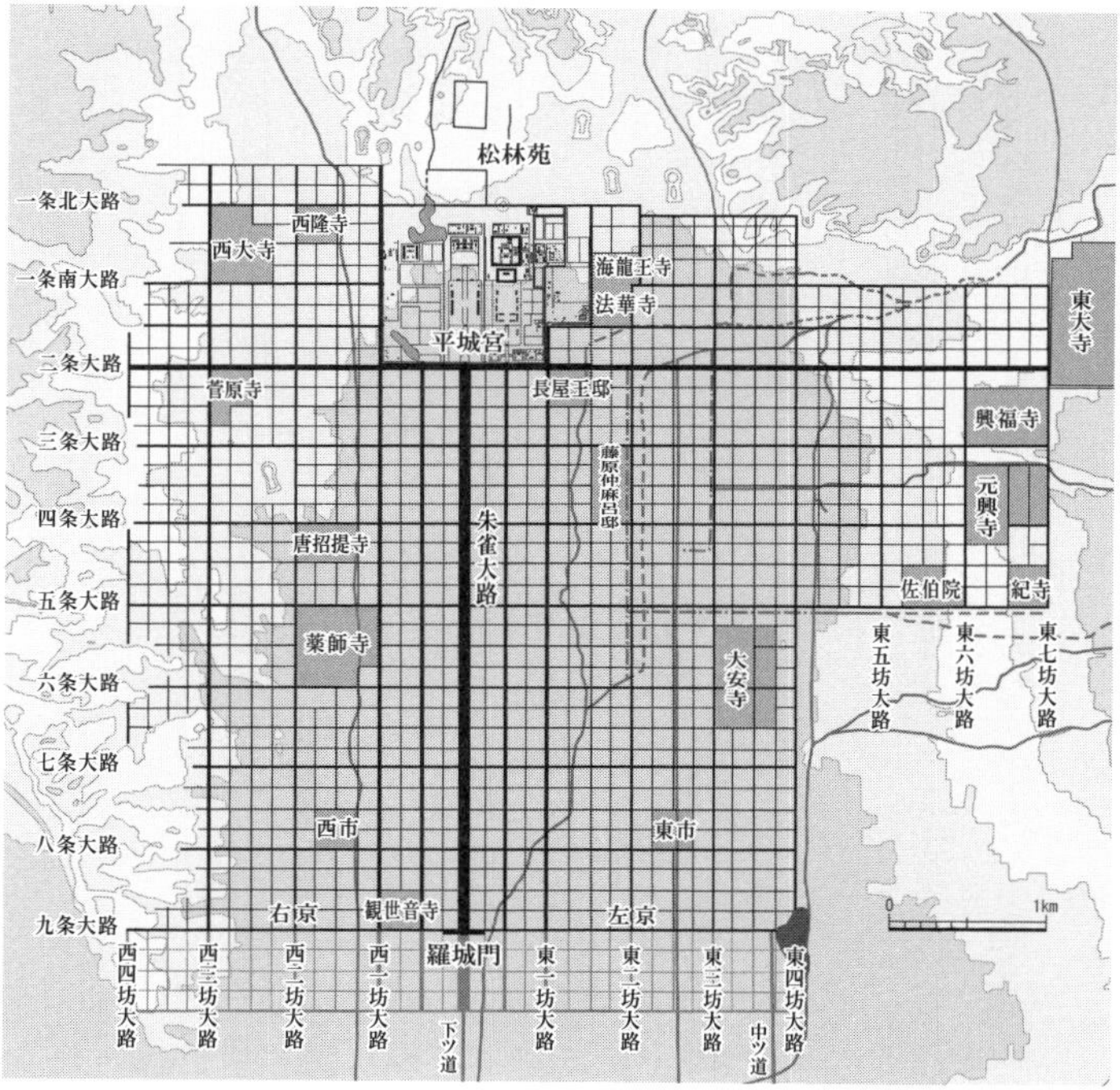
松林苑
一条北大路
西隆寺
西大寺
一条南大路
海龍王寺
法華寺
東大寺
平城宮
二条大路
菅原寺
長屋王邸
興福寺
三条大路
藤原仲麻呂邸
元興寺
四条大路
唐招提寺
朱雀大路
五条大路
佐伯院
紀寺
薬師寺
大安寺
東五坊大路
東六坊大路
東七坊大路
六条大路
七条大路
西市
東市
八条大路
右京
観世音寺
左京
九条大路
0
1km
西四坊大路
西三坊大路
西二坊大路
西一坊大路
羅城門
東一坊大路
東二坊大路
東三坊大路
東四坊大路
下ツ道
中ツ道

図45　平　城　京

は唐長安城の影響が強くみられることが指摘されている（井上二〇〇八）。

このように、平城遷都の時には長安城の構造を積極的に取り入れたのだ。それは、大宝律令が示すように、天皇を中華世界の頂点に位置づけ、日本を中華とみなす立場を実践するために、中華の模範とすべき唐長安城の姿を積極的に模倣したからにほかならない。大宝の遣唐使が目の当たりにした、長安城で執り行われる儀礼のあり方とその舞台（空間）の重要性は、藤原京を梃入れする程度では済まないと判断されたのだろう。

和銅元年（七〇八）二月十五日、元明は「四禽図《しきんと》に叶ひ、三山鎮《しづめ》を作《な》し、亀筮《きぜい》並に従ふ」という平城への遷都を宣言し、和銅三年（七一〇）三月十日に藤原から平城へ遷都した。上述したように、藤原宮大極殿は解体され、平城宮中央区の大極殿として移築された。大極殿は、天皇を中華世界の頂点に位置づけるための都城において、最も重要な殿舎として継承されたのだ。

大極殿での儀式

平城宮につづく長岡宮、平安宮においても大極殿は造営され、重要な殿舎として機能した。『日本三代実録』貞観八年（八六六）九月二十五日条には、桓武天皇が、平安宮のなかでも八省院を特に壮麗に造らせたという所伝があったことを伝える。八省院は朝堂院のことで、朝堂院の正殿が大極殿である。

大極殿では、天皇が高御座《たかみくら》に着座し、即位儀、元日朝賀、叙位といった、公的儀式のうちでも特に重要なものが行われた。平安時代に編纂された『延喜式』や『儀式』には、即位と元正朝賀の儀に関する記述があり、数日前から始められる準備、前日に行われる大極殿などの装飾、当日の天皇や官人らの動きなどが詳しく記されている。これらの規定は平安宮を想定したものであり、『儀式』による朝賀の内容は次の通りである。

群臣が朝庭に入って列立し、天皇は高御座に着座する。天皇が姿を見せる「宸儀初見」すると、群臣らは磬折《けいせつ》（立ったまま腰を深く折り曲げてする礼）によって拝礼する。次に大極殿の南十丈（約三〇メートル）の位置に設置された火炉で香が焚かれ、皇太子による新年の賀詞奏上と、それに対して賀詞が宣詔される。そして、奏賀（お祝い申し上げること）と奏瑞（めでたいしるしを申し上げること）ののちに、奏賀者によって賀詞が宣命されると、武官が立って旗を振り万歳を称する。天皇が退出し、群臣らが退出する。この儀式の流れは即位儀も基本的には同じである。

上記史料によると、宝幢は大極殿前庭の龍尾道上に建てることとされ、大極殿中階から南に十五丈四尺（約四六・二メートル）の位置に烏像幢を建て、この烏像幢を中心として、東に日像幢・朱雀旗・青龍旗を、西に月像幢・白虎旗・玄武旗を建てると定められている。さらに、青龍旗は大極殿の東側柱に、玄武旗は大極殿の西側柱にそれぞれ合う位置とされている。

また、参列する官人らが立つ場所を示す版位《へんい》の位置も決められており、龍尾道から南へ十七丈（約五一メートル）の位置に宣命の版位を置き、そこから南へ四丈（約一二メートル）離れて、東側には太政大臣を先頭に南へ、左大臣、大納言、中納言、三位参議、四位参議、王四位・五位、臣四位以下無位の版位が、西側には親王を先頭に南へ、右大臣、非参議一位・二位、諸王三位、諸王三位・四位、諸王五位、四位以下無位の版位が、それぞれ置かれた。東側の版位と西側の版位との間は、約一五メートルの距離を置いている。外交使節である蕃客《ばんかく》がある場合は、左右五位の版位の間に置くことになっていた。南北に並ぶ版位の間隔はおよそ三・九メートルだから、龍尾道から南北およそ一〇〇メートルの空間を必要としたことになる。養老令の儀制令版位条によると、版位の大きさは約二一センチ四方、厚さ一五センチで、品位・位階が漆で書かれていた。

平城宮中央区第一次大極殿の前面の磚積擁壁上では、上記の規定に対応するとみられる横一列に並ぶ七基の幢旗《どうき》遺構が確認されている（大澤二〇一九）。これらの宝幢は、藤原宮では大極殿院南門の前面に建てられたものだが、平城宮の段階で建てられる位置が変わったことを示している。宝幢が大極殿前面に建てられるようになったのは、儀式に参列する人々が大極殿院に列立するようになったからだ。平城宮中央区の大極殿院は東西一七六・九メートル、南北三一七・九メートルの築地《ついじ》塀に囲まれた区画であり、大極殿のある磚積擁壁の前面には、南北およそ二〇〇メートルに及ぶ広場を設けている。上述した版位の並びであっても、参列者が列立するには十分な空間が確保されている。中国都城において、皇帝が参列者に接見するという、いわば当然のあり方が、ようやく実践されたのだ。

　現在、平城宮跡は平城宮跡歴史公園として整備されており、朱雀門を皮切りに、発掘調査の成果をもとに平城宮中央区の大極殿と大極殿院南門が復元され、令和四年度からは南門の東側にある東楼の復元に着手するなど、第一次大極殿院の復元整備が進められている。その姿はまだ完全ではないが、大極殿からは天皇が眺めた景色を、大極殿院内からは参列者がみた景色を体験することができる。

高御座

　復元された平城宮第一次大極殿内の中央には、高御座が設置されている（図46）。高御座とは、天皇が大極殿や平安宮豊楽殿《ぶらくでん》に出御する際に設置された御座である。現在、第一次大極殿に設置されている高御座は、階段で上る約七メートル四方の下壇の上に、対辺距離約五・三メートルで正八角形の中壇がのり、その上に対辺距離約四・四メートル

図46　復元された高御座

の上壇がある。中壇の各頂点には柱が立ち、柱上に八角形の蓋がのる。正面と背面の柱間装置は帷とし、その他の六面は障子を入れている。柱で囲まれた内部には、天皇が着座する椅子が設置してある。

　この高御座は、明治四十二年（一九〇九）の「登極令《とうきょくれい》附式《ふしき》」に基づいて大正天皇の即位の時に新調された現存の高御座を基本資料としつつ、『延喜式』をはじめとする平安時代の文献史料から復元される構造・装飾をもとに、奈良時代初頭に近い姿を目指して復元されたものだ（古尾谷・箱崎一九九七）。史料でわからない部分は、現存する古代建築等が参考にされており、蓋の曲線は正倉院宝物の六角厨子残欠、露盤以上の装飾は法隆寺夢殿と東大寺の金銅八角燈籠の意匠が参考にされている。また、下壇側面の格挟間《こうざま》は、正倉院宝物の赤漆文欟木御厨子《せきしつぶんかんぼくのおんずし》の台脚の形状がもとになっている。

『続日本紀』に記載する天皇即位の宣命には、「天つ日嗣高御座」の表現が多くみられる。「天つ高御座に坐して天地八方を治め賜ひ…」(『続日本紀』天平元年八月五日)とあるように、天皇は高御座に着座して天下を統治した。「天つ日嗣」とは、歴代天皇による皇位の継承をいい、天皇位そのものの表現でもある。だから、「天つ日嗣高御座」という語は、高御座が天皇位を示すものであって、天皇位を象徴するものだということを表現している。天平十六年(七四四)二月二十日、難波宮を皇都とするにあたって、事前に高御座と大楯を恭仁宮《くにのみや》から難波宮に運んでいるのはそのためだ(『続日本紀』)。

高御座の下壇は常設されていたようだが、中壇以上は儀式のたびに設置された。元正朝賀の前日になると、内匠寮《たくみりよう》の官人が木工長上や雑工等を率いて高御座の装飾にあたった。蓋は八角形に作り、角別に上に小鳳像を立てて、下に玉幡《ぎよくはん》を懸ける。そして、蓋の面ごとに鏡三面を懸け、頂に大鏡一面をつける。蓋上には大鳳像を立てる。総じて、鳳像は九隻、鏡は二五面である。部材や装飾品は、普段、内蔵寮《くらりよう》に収納されていて、儀式の際に、その都度装飾された(『延喜式』巻第十七　内匠寮)。蓋の頂に大鏡をつけるとあるが、蓋上には大鳳像が立つので、大鏡は内部の装飾であろう。文安元年（一四四四）正月に書写された「文安御即位調度図」（『群書類従』巻九二）によると、蓋裏内に大鏡一面を着けるとあり、六寸釘で固定した。「文安御即位調度図」には内部装飾についての記述もあり、上壇には繧繝端《うんげんべり》大帖一枚を敷き、その上に唐錦端龍鬢《からにしきべりりゅうびん》、唐軟錦端茵《からのぜんきんべりのしとね》、東京錦茵《とうぎょうきのしとね》を敷いている。なお、高御座が八角形であるのは、日本全土を示す「天地八方」の支配を象徴したものと考えられている（和田一九九五）。

史料から高御座を最初に確認できるのは、持統から禅譲された文武の即位宣命で、「此の天つ日嗣高御座の業」とある（『続日本紀』文武元年八月庚辰条）。この高御座は藤原宮大極殿に敷設されたものであり、これ以降、大極殿には大儀のたびに高御座が敷設されるようになった。持統の即位儀は、飛鳥浄御原宮の大極殿であるエビノコ郭正殿で行われたと考えられるが、それ以前の即位儀は、卜占《ぼくせん》で選ばれた土地に壇場を設けて行われており、その場所に王宮が造営された。

平安宮大極殿は、何度も火災に見舞われている。

大極殿の終焉

平安遷都から約八〇年後の貞観十八年（八七六）四月十日、大極殿とともに朝堂院の北半が焼失した。すぐに再興が図られると、紀伊国や近江国からは材木が、讃岐国からは基壇などに利用する石材が運ばれ、三年半後に復興した。大極殿の額は、図書頭《ずしょのかみ》を務め、当時、右兵衛佐であった藤原敏行《としゆき》の書という。

天喜六年（一〇五八）二月二十六日には、内裏と大極殿が焼失している。この時には、朝堂院の大半が焼失し、応天門付近がようやく焼け残った。復興もままならない康平六年（一〇六三）三月には、朝堂院の西に並び立つ豊楽院まで焼失し、平安宮の中枢部は甚大なダメージを

図47　『年中行事絵巻』

受けた。治暦三年（一〇六七）になってようやく大極殿の復興に取りかかり、延久四年（一〇七二）四月に題額が掛けられた。焼失規模が大きかったこともあるのだろうが、今度の復興には一四年を要している。この時になぜか鴟尾《しび》を木製にしているが、保元三年（一一五八）の修理の際に金銅製に戻された。だが、豊楽院は再興されずに終わった。なお、平安時代の儀式のようすを描いた『年中行事絵巻』には、この頃の大極殿が描かれている（図47）。

安元三年（一一七七）四月二十八日亥刻（午後十時頃）、五条富小路で起きた大火は、瞬く間に大内裏にまで到達し、大内裏の南東に位置する神祇官や民部省、式部省などの諸官司に燃え広がり、大極殿以下、八省院はことごとく焼失した。復興の試みも虚しく、その後、大極殿が再興されることはなかった。天武による大極殿の創出からおよそ五〇〇年、大極殿はその歴史に幕を下ろした。

大極殿における最も重要な儀式であった即位式は、焼失以降どうしたのだろうか。『天《てん》祚《そ》礼《れい》祀《し》職《しょく》掌《しょう》録《ろく》』によると、大極殿焼失後の安徳（一一八〇年即位）は内裏の紫宸殿《ししんでん》で即位し、次の後鳥羽（一一八三年即位）から後土御門（一四六四年即位）は太政官庁で即位している。太政官庁も荒廃してくると、後柏原（一五〇〇年即位）以後は紫宸殿で即位するようになった。明治になって皇室が東京に置かれてからも、大正天皇、昭和天皇は京都の紫宸殿で即位したが、昭和二十二年（一九四七）の皇室典範の改正によって、即位礼の場所に関する規定がなくなると、平成・令和の即位礼正殿の儀は、東京の皇居で行われた。

日本文化の新たな象徴へ

明治二十八年（一八九五）、平安遷都から一一〇〇年を記念して平安神宮が創建された。平安遷都を実現し、京都の基礎を築いた桓武を称えるため、その構造は、平安宮を象徴する大極殿と朝堂院を模したものになっている。毎年十月二十二日に行われる時代祭は、各時代の装束を身にまとい、京都御所から平安神宮まで総勢約二〇〇〇名もの人々が行列を作るもので、すべての行列が平安神宮に到着すると、御鳳輦《ごほうれん》を大極殿に奉安し、祭文が奏上される。京都の歴史と文化を披露する京都三大祭の一つであり、平安京を体感できる行事として、多くの人々に親しまれている。

そして、平城遷都から一三〇〇年後の平成二十二年（二〇一〇）四月には、平城宮第一次大極殿が復元された。復元は発掘調査の成果をもとにするが、残存しない屋根や柱間装置、基壇などの上部構造については、『年中行事絵巻』が参考にされている（海野二〇一七）。復元された大極殿は、国営平城宮跡歴史公園のシンボルゾーンにあり、シンボルゾーンでは文化遺産を継承していくためのさまざまな取り組みが行われている。平城宮跡は、世界遺産「古都奈良の文化財」の重要な構成要素であり、歴史・文化を国内外に発信し、国際的な観光拠点として活用が図られている。

このように、大極殿は、日本文化を発信する都のシンボルとして、新たな歩みを始めている。

あとがき

平城宮第一次大極殿は、平成二十二年（二〇一〇）四月の復元竣工から今年で十三年目を迎えた。この間、平城宮跡では各種イベントが毎年開催されており、大極殿は奈良県の新たなランドマークとして定着しつつあるように思う。大極殿は、天皇を象徴する殿舎であり、古代国家の核といえるほどの存在だが、それだけを取り上げた一般書はないので、復元建物を目にする機会のない方には、やはり馴染みが薄いかもしれない。

大極殿は重要な殿舎に違いないが、あくまでも都城の一部なので、概説書では都城に関する説明の一部として、一節があてられるくらいだ。しかも、本文でも触れたように、大極殿の出現をどの段階で認めるのかについては、拠って立つ資料・史料によって意見が分かれている。それだけに、本書執筆のお話をいただいたときには、『大極殿の誕生』という書名にためらい、尻込みした。だけど、一般向けの書籍としてまとめれば大極殿を知ってもらう機会が増えるだろうし、それによって、大極殿を核とした王宮・都城への興味や関心がさらに高まれば嬉しいなと思い、お引き受けした。復元された大極殿や、大極殿誕生の地である飛鳥宮跡を訪れに、是非、奈良県にお越しいただければと思う。

大極殿が都城の核として機能し始めてからのことは文献史料に残されているが、大極殿が必要とされた背景や導入した意図に関する史料はない。だから概説書などではあまり触れられていないが、大極殿の登場は、王宮・都城構造の飛躍と律令制都城の成立に深く関わる重要な出来事であり、本書はここに焦点を当てている。

本書でおもに取り上げた飛鳥宮跡に関する理解は、従来の概説書と異なるところが多いため、とくに古代史や飛鳥時代の考古学に関心の高い方は驚かれたかもしれない。私も、平成二十六年度に奈良県立橿原考古学研究所附属博物館の特別展を担当するまでは、従来の説を疑いもしなかった。特別展の準備をすすめるなかで、まずは自分が理解するためにと、調査報告や実測図、記録写真、出土遺物を改めて確認してみると、遺物の理解や遺構変遷の解釈について、定説に対する疑問が生じてきた。新たな理解など成り立たないだろうなと思いつつも、確認した事実をもとに、「仮にこう考えたとしたら……」と作業仮設を立てたのが始まりだった。次々に出てくる課題を一つずつ検討していくうちに、拙著

『日本古代都城の形成と王権』（吉川弘文館、二〇二〇年）としてまとめることができた。本書は、この拙著を一般の方に向けてまとめ直したものである。本書の性格上、参考文献をすべてあげることはできなかったので、興味をもたれた方は拙著を見ていただけたらと思う。

しっかりとした理由もなく、ただいたずらに疑うのは良くないけれど、何かを研究したり、調べたりするなかで、学説に対して疑問や不思議に思ったり、何か違和感があったりすれば、新たな価値観を見つけるチャンスかもしれない。初めは、モヤモヤして自分でも何に引っかかっているのかさえわからない状態かもしれないが、定説だからと盲目的に思考停止するのはもったいない。常識を疑い、異を唱えることはとても勇気のいることだが、些細な疑問も大切にしてほしいと思う。その先には、あなたにしか捉えることができない課題や着眼点が、きっとあるはずだから。

偉そうなことを言っているが、私は学校の勉強が苦手だったし、しかも歴史好きでもなかったから、このような一般書を執筆していること自体、自分でも不思議に思う。小さい頃には遺跡に触れる機会がなかったものの、なぜか古いモノには興味があって、石器っぽい石や土器かなと思う破片を見つけるだけで嬉しかった。考古学を学び始めたのは大学に入ってからで、それまで古墳のようなわかりやすい遺跡が身近になかったこともあって、遺跡は自分に縁遠い存在と感じていたが、奈良に出てきて、電車の車窓から巨大な前方後円墳や平城宮跡が見えた時の衝撃は大きかった。教科書の中の遠い存在が、急に、自分の生活の中に飛び込んできた感じだった。本物に触れる刺激は何物にも代えがたい。今、こうして本書を執筆しているのも、遺跡だらけの奈良県の環境が私を育ててくれたからだと思う。本書を通して、その魅力が少しでも伝われば嬉しい。

最後に、本書を企画してくださった吉川弘文館の編集部の矢島初穂さんと、執筆の機会をくださった吉川弘文館に感謝いたします。

二〇二三年二月

重見　泰

引用・参考文献

〈書籍・論文〉

相原嘉之『古代飛鳥の都市構造』吉川弘文館　二〇一七年

石田由紀子「藤原宮における瓦生産とその年代」『文化財論叢』Ⅳ　二〇一二年

石母田正『日本の古代国家』岩波書店　一九七一年

市　大樹「難波長柄豊碕宮の造営過程」武田佐知子編『交錯する知　衣装・信仰・女性』思文閣出版　二〇一四年

井上和人『日本古代都城制の研究』吉川弘文館　二〇〇八年

今泉隆雄『古代宮都の研究』吉川弘文館　一九九三年

今尾文昭「天皇陵古墳の現在」『戦後五〇年古代史発掘総まくり』アサヒグラフ別冊　一九九六年

今尾文昭『律令期陵墓の成立と都城』青木書店　二〇〇八年

上野　誠『古代日本の文芸空間　万葉挽歌と葬送儀礼』雄山閣　一九九七年

上野　誠『万葉集講義』中央公論新社　二〇二〇年

海野　聡『古建築を復元する　過去と現在の架け橋』吉川弘文館　二〇一七年

遠藤慶太『日本書紀の形成と諸資料』塙書房　二〇一五年

大澤正吾「平城宮第一次大極殿院の幢旗遺構」『奈良文化財研究所紀要二〇一九』二〇一九年

大隅清陽「君臣秩序と儀礼」『古代天皇制を考える』日本の歴史八　講談社　二〇〇一年
大隅清陽「律令官僚制と天皇」『岩波講座　日本歴史』古代三　岩波書店　二〇一四年
岡田精司『古代祭祀の史的研究』塙書房　一九九二年
小澤　毅『日本古代宮都構造の研究』青木書店　二〇〇三年
狩野　久『日本古代の国家と都城』東京大学出版会　一九九〇年
亀田　博『日韓古代宮都の研究』学生社　二〇〇〇年
岸　俊男「最近発見の飛鳥木簡について」『講演会記録　日本と東アジアの考古学』一　奈良県立橿原考古学研究所友史会　一九八七年
岸　俊男『日本古代宮都の研究』岩波書店　一九八八年
岸　俊男『日本の古代宮都』岩波書店　一九九三年
喜田貞吉『帝都』日本学術普及会　一九一五年
鬼頭清明「日本における大極殿の成立」『古代史論叢』中巻　吉川弘文館　一九七八年
熊谷公男「持統の即位儀と「治天下大王」の即位儀礼」『日本史研究』四七四　二〇〇二年
熊田亮介「夷狄・諸蕃と天皇」『古代天皇制を考える』日本の歴史八　講談社　二〇〇一年
倉本一宏『蘇我氏　古代豪族の興亡』中央公論新社　二〇一六年
黒崎　直「近江大津宮『内裏南門』柱穴考」『西田弘先生米寿記念論集　近江の考古と歴史』二〇〇一年
坂上康俊「律令制の形成」『岩波講座　日本歴史』古代三　岩波書店　二〇一四年

栄原永遠男「天武天皇の複都制構想」『市大日本史』六　二〇〇三年
栄原永遠男「聖武天皇の印南野行幸と難波宮の造営」『大阪歴史博物館研究紀要』一三　二〇一五年
佐藤長門『日本古代王権の構造と展開』吉川弘文館　二〇〇九年
佐藤長門『蘇我大臣家　倭王権を支えた雄族』日本史リブレット人三　山川出版社　二〇一六年
重見　泰「滑谷岡と舒明陵」白石太一郎先生傘寿記念論文集編集委員会編『古墳と国家形成期の諸問題』山川出版社　二〇一九年
重見　泰『日本古代都城の形成と王権』吉川弘文館　二〇二〇年
重見　泰「飛鳥京跡苑池」『月刊奈良』第六二巻第四号　二〇二二年
清水みき「長岡京造営論　二つの画期をめぐって」『ヒストリア』一一〇　一九八六年
白石太一郎『古墳とヤマト政権』文藝春秋　一九九九年
白石太一郎『近畿の古墳と古代史』学生社　二〇〇七年a
白石太一郎「古墳時代概説」『日本の考古学』下　学生社　二〇〇七年b
妹尾達彦『長安の都市計画』講談社　二〇〇一年
積山　洋『古代の都城と東アジア　大極殿と難波京』清文堂出版　二〇一三年
高橋照彦「欽明陵と敏達陵を考える」白石太一郎編『天皇陵古墳を考える』学生社　二〇一二年
瀧川政次郎「複都制と太子監国の制」『法制史論叢』二　名著普及会　一九八六年
田島　公「外交と儀礼」『日本の古代』七　中央公論社　一九八六年
舘野和己「天武天皇の都城構想」『律令国家史論集』塙書房　二〇一〇年

舘野和己「日本古代の複都制」『都城制研究』四　二〇一〇年
塚口義信「大化の新政府と横口式石槨墳」『古代学研究』一三二　一九九五年
鉄野昌弘「斉明紀建王悲傷歌の抒情について　「おもしろきいまきのうち」小考」『帝塚山学院大学研究論集』二六　一九九一年
寺崎保広『藤原京の形成』日本史リブレット六　山川出版社　二〇〇二年
直木孝次郎『持統天皇』吉川弘文館　一九六〇年
直木孝次郎『日本古代の氏族と国家』吉川弘文館　二〇〇五年
中尾芳治『難波宮の研究』吉川弘文館　一九九五年
西光慎治「飛鳥地域の地域史研究（1）　欽明天皇檜隈坂合陵・陪冢　カナヅカ古墳の覚書」『明日香村文化財調査研究紀要』創刊号　二〇〇〇年
西宮一民「飛鳥の神なび」『美夫君志』二〇　一九七六年
西本昌弘『日本古代の王宮と儀礼』塙書房　二〇〇八年
西本昌弘『飛鳥・藤原と古代王権』同成社　二〇一四年
仁藤敦史『古代王権と都城』吉川弘文館　一九九八年
仁藤敦史『都はなぜ移るのか　遷都の古代史』吉川弘文館　二〇一一年
早川庄八『日本古代官僚制の研究』岩波書店　一九八六年
林　博通『大津京跡の研究』思文閣出版　二〇〇一年
林部　均『古代宮都形成過程の研究』青木書店　二〇〇一年

林部　均『飛鳥の宮と藤原京　よみがえる古代王宮』吉川弘文館　二〇〇八年
原島礼二「皇極女帝と中大兄皇子」『季刊　明日香風』七　一九八三年
樋笠逸人「高御座の成立　八世紀における登壇儀礼の再検討」『日本史研究』六二三　二〇一四年
東野治之『史料学探訪』岩波書店　二〇一五年
福山敏男編『大極殿の研究　日本に於ける朝堂院の歴史』平安神宮　一九五七年
古尾谷知浩・箱崎和久「高御座の考証と復原」『奈良国立文化財研究所年報一九九七—I』一九九七年
古畑　徹「七世紀末から八世紀初にかけての新羅・唐関係」『朝鮮学報』一〇七　一九八三年
丸山裕美子「天皇祭祀の変容」『古代天皇制を考える』日本の歴史八　講談社　二〇〇一年
水谷千秋『謎の豪族　蘇我氏』文藝春秋　二〇〇六年
村上四男『朝鮮古代史研究』開明書院　一九七八年
村元健一『日本古代宮都と中国都城』同成社　二〇二二年
矢嶋　泉『古事記の歴史意識』吉川弘文館　二〇〇八年
山中　章『日本古代都城の研究』柏書房　一九九七年
吉川真司『律令官僚制の研究』塙書房　一九九八年
和田　萃「飛鳥岡について」『橿原考古学研究所論集　創立三十五周年記念』吉川弘文館　一九七五年
和田　萃『日本古代の儀礼と祭祀・信仰』上　塙書房　一九九五年
和田　萃『飛鳥　歴史と風土を歩く』岩波書店　二〇〇三年

〔発掘調査報告書〕

橿原市教育委員会『史跡　植山古墳』二〇一四年
奈良県文化財保存事務所『国宝東大寺金堂（大仏殿）修理工事報告書』一九八〇年
奈良県立橿原考古学研究所『飛鳥京跡』Ⅲ　二〇〇八年
奈良県立橿原考古学研究所『飛鳥京跡』Ⅵ　二〇一四年
奈良県立橿原考古学研究所『飛鳥宮跡出土木簡』二〇一九年
奈良文化財研究所「大極殿院南門の調査　第一四八次」『奈良文化財研究所紀要二〇〇八』二〇〇八年
奈良文化財研究所「朝堂院の調査　第一五三次」『奈良文化財研究所紀要二〇〇九』二〇〇九年
奈良文化財研究所「藤原宮朝堂院の調査　第一八九次」『奈良文化財研究所紀要二〇一七』二〇一七年

著者紹介

一九七七年、広島県に生まれる
二〇〇〇年、奈良大学文学部文化財学科卒業
二〇〇六年、奈良大学大学院文学研究科文化財史料学専攻博士後期課程単位取得後満期退学
現在、奈良県立橿原考古学研究所指導研究員、博士（文学）

〔主要著書・論文〕

『新羅土器からみた日本古代の国家形成』（学生社、二〇一二年）
『日本古代都城の形成と王権』（吉川弘文館、二〇二〇年）
「飛鳥宮」『王宮と王都』（『講座　畿内の古代学』三、雄山閣、二〇二〇年）

歴史文化ライブラリー
569

大極殿の誕生
古代天皇の象徴に迫る

二〇二三年（令和五）五月一日　第一刷発行

著　者　重《しげ》見《み》泰《やすし》
発行者　吉川道郎
発行所　株式会社　吉川弘文館
東京都文京区本郷七丁目二番八号
郵便番号一一三―〇〇三三
電話〇三―三八一三―九一五一〈代表〉
振替口座〇〇一〇〇―五―二四四
http://www.yoshikawa-k.co.jp/
印刷＝株式会社 平文社
製本＝ナショナル製本協同組合
装幀＝清水良洋・高橋奈々

ISBN978-4-642-05969-5

歴史文化ライブラリー

1996. 10

刊行のことば

現今の日本および国際社会は、さまざまな面で大変動の時代を迎えておりますが、近づきつつある二十一世紀は人類史の到達点として、物質的な繁栄のみならず文化や自然・社会環境を謳歌できる平和な社会でなければなりません。しかしながら高度成長・技術革新にともなう急激な変貌は「自己本位な刹那主義」の風潮を生みだし、先人が築いてきた歴史や文化に学ぶ余裕もなく、いまだ明るい人類の将来が展望できていないようにも見えます。このような状況を踏まえ、よりよい二十一世紀社会を築くために、人類誕生から現在に至る「人類の遺産・教訓」としてのあらゆる分野の歴史と文化を「歴史文化ライブラリー」として刊行することといたしました。

小社は、安政四年(一八五七)の創業以来、一貫して歴史学を中心とした専門出版社として書籍を刊行しつづけてまいりました。その経験を生かし、学問成果にもとづいた本叢書を刊行し社会的要請に応えて行きたいと考えております。

現代は、マスメディアが発達した高度情報化社会といわれますが、私どもはあくまでも活字を主体とした出版こそ、ものの本質を考える基礎と信じ、本叢書をとおして社会に訴えてまいりたいと思います。これから生まれでる一冊一冊が、それぞれの読者を知的冒険の旅へと誘い、希望に満ちた人類の未来を構築する糧となれば幸いです。

吉川弘文館